ハノイ発夜行バス、南下してホーチミン
——ベトナム1800キロ縦断旅

吉田友和

幻冬舎文庫

ハノイ発夜行バス、南下してホーチミン

——ベトナム1800キロ縦断旅

吉田友和

ハノイ発夜行バス、南下してホーチミン
——ベトナム１８００キロ縦断旅　目次

序章　南下する前に

（1）世界で一番、縦断したくなる国

横断するのに勇気が、縦断するのに根気が必要な国である。

何の話かというと、ベトナムのイメージだ。あくまでも僕の勝手なイメージなので、違う意見もあるかもしれないが、とりあえずまあ聞いて欲しい。

ホーチミンへ到着して、誰もがまず戸惑うのが、道路を埋め尽くさんばかりのバイクの量だろう。右から左から、ときには斜め後方からひっきりなしにやってきて、ぶおんぶおんと駆け抜けていく。まるでバイクの洪水のようで呆気《あっけ》に取られる。

道路を横断するには、この洪水の中を突っ切らねばならない。どんなに交通量が多くても、問答無用で突入する覚悟が求められる。信号が青に変わるのをジッと待って、横断歩道をてくてく歩いて渡る——そんな我々の常識は通用しないのだ。

そもそも信号機がほとんど存在しない。狭い路地のような道ではなく、結構大きな道であってもだ。たとえば片側三車線、両側六車線はある幹線道路。大量のバイクに加え、自動車やトラックなんかもバンバン走っている道を、身一つで横切ることになる。日本だったら、飛び込み自殺と勘違いされるに違いない。

渡り方にはコツがあって、横断時の歩行速度を一定に保つのがポイントだ。基本的にはバイクの方で上手《うま》く避《よ》けてくれる。彼らは横断している歩行者の動きから予測して進路を調整しているから、途中で立ち止まったり、駆け出したりしてはいけない。

こうして文字で書くとそんなに難しくなさそうだが、いざ現場に直面すると腰が引ける。意を決して、ええいと一歩目を踏み出すあの瞬間は相当にスリリングである。大げさではなく、リアルで試練と言ってもいいだろう。

横断するのに勇気がいると書いたのは、つまりはそういうことだ。

一方で縦断について語ると、ベトナムの国土についておさらいするのが分かりやすい。地図で見れば一目瞭然だが、南北に長細い国である。北のハノイから南のホーチミンまでの距離は約千八百キロにも及ぶ。

約千八百キロは日本で喩《たと》えるなら、青森駅〜宮崎駅間と同程度の距離らしい。気になったので、いまグーグルマップで調べてみた。鹿児島ではなく宮崎というところがやや中途半端ながらも、ザックリまとめるならば日本の本州〜九州をほとんど縦断するような距離と理解すればいいだろうか。

ただし、これは数字だけの単純比較である。ベトナムは日本ほど道が整備されていないし、新幹線のような高速鉄道があるわけでもない（将来的に計画はされているそうだが）。実際に縦断するとしたら、日本縦断よりもずっと長丁場になるはずだ。

いったい、どれぐらいの時間がかかるだろうか。仮にノンストップで移動し続けたとしても、丸一日ではきっと足りない。移動するだけの旅なんて無意味だから、実際には途中の街に立ち寄りつつ、宿泊しつつ、ということになる。それなりに満足のいく旅にするためには、まとまった日数が必要になってくることは間違いない。

飛行機でビュンと飛んでしまうような旅とはわけが違う。狭いバスの車内で何時間も過ごさなければならない。夜行便に揺られる夜もある。感じ方には個人差があるものの、それは少なくとも楽チンな旅とは言えないだろう。

すなわち、縦断するなら根気が必要というわけだ。

ベトナムのイメージといっても、実際にはもっとずっと多岐にわたる。

たとえば、「ご飯が美味《おい》しい」「雑貨が可愛《かわい》い」といった話はよく語られる。フォーと呼ばれる麺料理や生春巻きなど、ヘルシーなベトナム料理は日本でも人気だ。エスニックにフレンチテイストも盛り込んだ瀟洒《しょうしゃ》なベトナム雑貨は、しばしば女性誌で特集が組まれたりもしている。

もちろん、いいことばかりではなく、逆にマイナス面でも旅人の間でネタになりやすい国だ。一筋縄ではいかないというか、なかなか手強いというか。僕自身の実感としても、「ぼられた」「盗まれた」といった、旅していて陥りがちなトラブルは、東南アジアの国々の中でもベトナムはとくに被害報告が多い気がする。

やはりこの国の旅について語るべきテーマは尽きない。まあ、順を追って触れていこう。なにせ、一冊丸々ベトナムについて綴《つづ》ることになったのだ。書きたいことは山ほどあるし、何から書けばいいか頭を悩ませるほどだ。

そんな中で、横断やら縦断といった話題から始めたのはなぜか――。

縦断することにしたのである。

ベトナム縦断！　なのである。

とくに意味はないが、なんとなく気分を盛り上げるために「！」を付けてみた。

南北約千八百キロをぐりっと線で結んでみる。もちろん、陸路の旅である。気ままな旅だから途中で横道にそれたりする可能性もあるので、線は真《ま》っ直《す》ぐではなく、ぐねぐねしたものになるだろうが、とにかく縦断しようと、心を決めたのである。

ベトナム縦断旅行は密かに憧れの一つだった。

海外旅行にもいろんな形態があるが、一都市滞在型の旅よりも、街から街へと渡り歩いていくタイプの旅に僕は心惹《ひ》かれる。それも同じ街を行ったり来たりするのではなく、一筆書きの要領で一方向にぐんぐん突き進んでいくような旅だと最高だ。少しずつゴールが近づいてくるあの感覚。得られる達成感は大きい。

初めての海外旅行が世界一周だった。「一周」旅行などは、まさに典型例だろう。その世界一周の中でアメリカを横断したり、アフリカを縦断している。到着空港と出発空港が異なるワンウェイのルートだ。その後もオーストラリアを縦断したり、台湾を一周したり。いずれも、一方向ぐんぐん型の旅と言えるだろうか。

「一周」「横断」「縦断」といった言葉は、ダイナミックな旅を想起させるのだ。単に気分的なものかもしれないが、そういった言葉を用いるだけで、途端になんだか壮大な旅のような気がしてくるのだ。

ベトナムを縦断しようというアイデアも、まさに同じ発想が根底にある。決め手となったのは、南北に長細いベトナムの国土だった。

世界地図を開き、ベトナムの形を改めて確認する。

「まるでキュウリのようだな……」

我ながらそんなくだらない感想を抱《いだ》いた。そして次の瞬間、

「キュウリなら縦断かな」

と、ハタと思いついたのである。

一周でも横断でもなく、縦断であるところがキュウリならではと言えるだろう。ベトナムほどキュウリ的な形をした国も珍しい。もしかしたら世界で一番キュウリ的であり、ならば世界で一番、縦断したくなる国なのではないか、という気さえしてきた。

「地図で見たときから決めていました」

そんな台詞《せりふ》が口をついて出る。あの長細い形を目の当たりにすると、モーレツに縦断したい衝動に駆られるのだ。これはもはや宿命のようなものなのだ。

ホーチミンとハノイという主要な二都市が、ちょうど南北の端っこに位置している点も縦断意欲を後押しする。両都市共に日本から直行便のフライトがあるので、どちらかにインして縦断後、もう一方からアウ

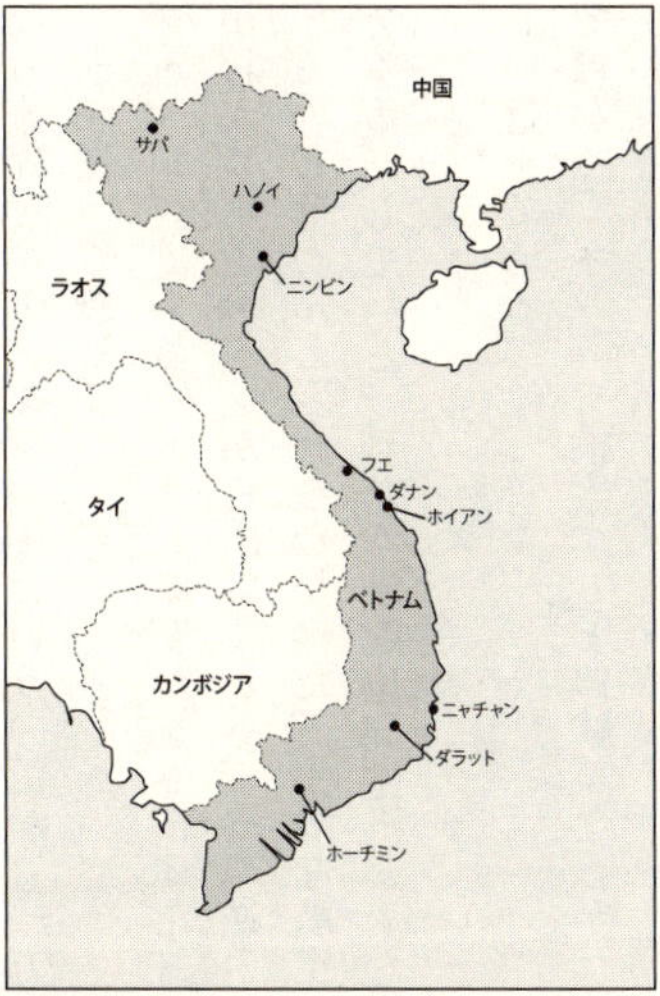

トとすればいい。往路と復路の発着空港が異なる旅程をオープンジョーというのだが、一方向ぐんぐん型の旅だとこれが容易かどうかは大きな違いである。

航空券を調べてみると、ベトナムのフラッグキャリアであるベトナム航空がまさにオープンジョーのチケットを販売していた。ハノイから入りホーチミンから出ることも、その逆の行程も可能で、料金は各都市までを単純往復するのとほとんど変わらなかった。手頃な航空券があるとなると、旅は急速に現実味を帯びてくる。

問題は、どちらのルートを取るかだ。

南から北なのか、北から南なのか——悩ましい選択である。

ベトナムを縦断する発想自体は珍しいものではなく、ネットで検索すると体験談などがたくさんヒットする。ざっと見た感じでは南から北へ進むパターンの方が多いようだ。

個人の旅行記のほかにも、メディアでも過去にたびたび企画化されている。たとえば、全編ベトナムロケを敢行した連続ドラマ『恋するベトナム』では南から北へと縦断している。主演の西田尚美さんのアオザイ姿が可愛らしく、ストーリーも王道で分かりやすい。ドラマとはいえ旅人目線が徹底されており、ベトナム旅行の魅力が映像に詰まっている。旅モノとしては隠れた名作だと思う。

また、『深夜特急』で知られる作家の沢木耕太郎さんも、『一号線を北上せよ』というベトナムを縦断する旅行記を発表している。深夜特急のようなバスを乗り継いでいくバックパッカー・スタイルの旅ながら、途中で高級ホテルに泊まるなど、若い頃とは一味違った旅が描かれている。タイトルで「北上せよ」とある通り、沢木さんもまた南から北へと縦断していた。

ちなみに、北から南へ進む企画もないわけではない。『水曜どうでしょう』の最終回が原付でベトナムを縦断するというもので、ハノイからホーチミンまで南下していた。どうでしょうはほぼ全作観ているが、同企画は番組でも屈指の作品ではないかと思う。

実はかくいう僕自身も、過去に一度ベトナムを縦断している。そのときは南から北へ、だった。最初の世界一周のときに、タイからカンボジアを経てベトナムへ入国し、ホーチミンからハノイへと陸路で旅した。今度の縦断は二度目なのだ。

「これは……北から南かな」

と、僕は意を決した。前回と同じルートだとつまらないし。

さらに、もう一つ理由がある。これが最終的に決め手となった。

この年はすでに一度ベトナムを訪れていた。その旅からそれほど間が空いていないせいか、今回の縦断はまるで続きのような感覚がしていたのだ。

前回は最終的にハノイから日本へ帰国していた。ならば差し当たってはハノイへ戻り、北からホーチミンを目指して南下していくルートがベストに思えた。一度中断した旅を再開する形である。

いまにして振り返れば、あの旅は前哨戦《ぜんしょうせん》だった。

ベトナム縦断を始める前に、まずは前回の旅から振り返ってみたい——。

第一章　北部（ハノイ／サパ／ニンビン）

(2) 年齢相応の旅人になりたい

それはいま思えば、突っ込みどころの多い旅だった。あの突っ込みどころの多さこそがいかにもベトナムだよなあと、しみじみしたりもする。

日本からハノイへ到着し、手始めにこんなことがあった。シン・ツーリストでツアーの予約をしたときの出来事である。僕たちはハノイを起点に、ベトナム北部を巡ろうとしていた。夜行列車で移動し、到着したラオカイ駅からバックハー市場を経由して、サパまで向かうツアーを手配した。

料金は一人、五十万ドンだという。日本円にすると二千五百円ぐらい。「僕たち」と書いたのは同行者がいたからで、夫婦二人旅だった。つまり、計百万ドンである。

物価の安いベトナムとはいえ、百万ドンは結構な大金である。カードは使えないというし、現地通貨の持ち合わせがあまりなかったので、お金を下ろすことにした。

都合の良いことに、オフィスの目の前にはＨＳＢＣのＡＴＭが設置されていた。対応してくれたシン・ツーリストのお姉さんを待たせつつ、僕は急ぎそのＡＴＭでベトナムドンを引き出してきた。そうして、百万ドンを支払ったのだが——。

「このお札は受け取れません」

お姉さんはそう言って、こちらにお金を突き返したのだった。

見ると……、お札の角が切れていた。あらまあ、と僕は顔をしかめた。

切断面が真っ直ぐで、使い込んでいるうちに千切れたというよりも、ハサミやカッターでチョキンと切ってしまったかのような形跡である。

むむむ、と隣で奥さんが表情を強《こわ》ばらせた。彼女も僕以上にアジアの旅に慣れている。こういうケースでは、我々の正論が通用しないことは重々承知なのだ。

「あのATMで下ろしたんだけど。ほら、すぐそこの……見てたでしょう？」

すごすごと引き下がるわけにはいかない。僕たちは抗弁を試みた。

「切れたお札は銀行で交換してくれますよ」

ところが、お姉さんはそんな分かりきったことを言って、頑として譲らない。まるでばば抜きのような様相を呈してきたのだった。

「私たちはベトナム語が話せないし、銀行を探して、交換してもらうのは大変。今夜発《た》つので、それをする時間もないです。そちらでなんとかしてくれませんか？」

丁寧に事情を説明し、情に訴えかける作戦に出た。こういうときの交渉役は奥さんが心強い。僕だけだったら、言いくるめられていた可能性もある。

粘り強くお願いをし続けたら、

「もう、仕方ないわねえ……」

といった感じで最終的には向こうが根負けし、ジョーカーもとい、切れたお札を受け取ってくれたのだった。一件落着。ふう、とため息がこぼれる。

ちなみに説明が前後したが、シン・ツーリストというのはベトナムでは恐らく最大手の旅行会社のことである。かつては「シン・カフェ」という名で知られていた。初めてベトナムを旅した十年以上前から、僕は何度もお世話になっている。

そういえば、ハノイで同社のオフィスを訪ねるにあたっては、注意すべき点があった。これもまさにベトナムらしい突っ込みどころ、と言えるかもしれない。

実は、ニセモノが多いのだ。ハノイの旧市街をぶらぶらしていると、あちこちで同社のロゴを見かける。店頭には各種ツアーの広告が掲げられ、「SHIN Tourist」「SHIN CAFE」といった英語表記も目にする。

「へえ、ここにもシン・ツーリストがあるのか」

などと、誤解をしてしまいがちなのだ。

パッと見はシン・ツーリストながら、もちろん別の旅行会社である。シン・ツーリストと代理店契約を結んだうえで仲介しているような会社ならまだしも、同社とはまったく無関係なのに勝手にロゴだけ表示しているケースもあるのだとか。真相は定かではないものの、ベトナムならあり得る話だ。

本物のシン・ツーリストが分かりにくいせいもある。ごちゃごちゃとした迷路のような旧市街の一画に位置し、土地勘がないと辿《たど》り着くのも結構大変だ。

おまけに外観がこぢんまりとしている。最大手企業と聞くと小綺麗《こぎれい》なオフィスを想像するが、実際には拍子抜けするほど素朴な店構えだ。そこらじゅうで見かけるニセモノと大差ないというか、ニセモノの方が立派に思えることすらある。

訪れるのならば、あらかじめ自分自身で公式の住所を調べ、地図で正確な位置を確認したうえで向かうべきだろう。現地で人に訊くやり方はオススメしない。ニセモノへ連れて行かれそうだし、現地の人でさえ混同している可能性があるからだ。

「まあでも、無事に手配できて良かったねえ」

コンデンスミルクがたっぷり入ったベトナム式コーヒーを飲みながら、僕たちは小休止をとっていた。シン・ツーリストのオフィスを出て、右方向へ少し進んだ辺りに昔ながらのカフェがある。可愛らしい白毛の猫がいるこのカフェがお気に入りで、近くを通りかかる度に立ち寄っている。

「うんうん、ほぼ希望通りのコースじゃない？」

交渉を担当した奥さんが、自分の手柄とばかり自慢げな顔を浮かべた。

サパ行きのツアー自体は定番ながら、途中でバックハー市場へ寄るというアレンジを加えたかったので、個別に相談する形となった。

ハノイからは列車で北上し、中国国境の街ラオカイへまず出る。そこから先に市場を見に行き、見終わったらラオカイへいったん戻りつつサパへ向かう。あちこち行ったり来たりするので、バスなどの公共の移動手段だと非効率すぎるのだ。

車をチャーターする手も考えたが、お金が無駄にかかりそうなので躊躇《ちゅうちょ》していた。出たとこ勝負でシン・ツーリストへ相談しに来た結果、見事に希望通りのツアーが組めたというわけだ。想定していた中では、最高の展開と言えた。

列車の出発時間は、夜の九時過ぎだった。目的地のラオカイ駅は終点で、翌早朝に着くことになっている。列車の中で一泊する。夜行便なのだ。

寝台車の切符は、事前に日本からネットで予約をしていた。便利な時代になったものである。実はこの路線は過去にも一度乗ったことがあり、そのときは確か宿泊していたハノイのゲストハウスに頼んで予約をしてもらったのだ。

その旅では、ラオカイ駅で降りた後、そのまま国境を越えて中国へ入国した。同じルートとはいえ、今回は中国は無視して、ベトナム北部の山岳地帯へと分け入っていく。少数民族が暮らす辺境の地は、いかにも我々好みのプチ秘境といったイメージで、かねてより憧れを抱いていたのだ。

寝台車の料金は、二等でも一人五十ドルもした。二人だから百ドルである。旅行会社経由でネット予約したことで、マージンを取られているせいもあるのだが、それでもずいぶんと高額な印象だ。

前回乗った際の記憶では、寝台車といっても、ゴロンと横になれるスペースがあるだけの素朴な列車だった。老朽化した車両には錆《さび》が浮いており、ボロさが目立った。外国で夜行列車に乗るのはそのときが初めてだった僕は、シートの硬さに恐れおののき、「これで寝るのか……」と怯《ひる》んだことを思い出す。

ところが、それももはや昔話と言えそうである。

長い月日が経《た》って再び乗ることになったラオカイ行き夜行列車は、ずいぶんと進化していた。コンパートメントで区切られた客室には、きちんとしたクッション性のあるシートが設《しつら》えられ、枕やシーツなども用意されていた。全体的に小綺麗というか、当時の車両と比べると完全に別物である。

「これなら、五十ドルぐらいしてもおかしくないね」

奥さんが納得顔で頷《うなず》いた。十数年前の旅と変わらないのは、同行者だけである。グレードアップした寝台車を目の当たりにして、時代の移り変わりと我が身の老朽化ぶりをまざまざと実感させられたのだった。

とはいえ、別に悲観はしていない。これは最近よく思うことだが、歳を取ったことで旅にさらなる奥行きのようなものが出てきた感じがする。経験値や知識量が増えるにつれ、前よりも余裕を持って異文化と向き合えるようになってきた。若い頃には見えなかった世界が見えるようになった、とでも言えばいいだろうか。

旅のスタイルは年齢と共に変化していく。リッチな旅に憧れる、みたいな類いの話ともちょっと違う。体力的な衰えがないのだとし

ハノイには列車の駅が複数ある。今回はハノイ駅から出発した。

ても、いつまでも小汚いシートに体を横たえるような旅を続けるのは不自然に思えるのだ。少なくとも、僕はそういう旅はもうできないし、年齢相応の旅人でいられればと願っている。

話が少し脱線してしまったが、そういえばハノイで夜行列車に乗り込む際にも一悶着《ひともんちゃく》があった。いつものように「撮り鉄」と化して、駅のホームで列車の写真を撮って撮って撮りまくり、いよいよ乗り込もうとしたときのことだ。

「チケットを見せてください」

乗車口に立っていた男性に呼び止められた。はて、車掌さんだろうか？　言われるがままチケットを手渡すと、客室まで案内するから自分に付いてくるようにと僕たちを促した。その際、こちらの重いスーツケースまで持ってくれたので、親切な車掌さんだなあ、さすがは五十ドルも取るだけあるなあと感心していたのだが——ベトナムはそんなに甘くない。

男性が車掌さんではなく、ポーターだと気がついたのは、自分たちの客室に辿り着いてシートに腰を下ろしたときのことだった。ありがとうとお礼を言っても、男性がなぜかいつまでも退散しないのを見て、ようやく気がついた。

「チップをくれって顔に書いてあるねえ……」

奥さんと日本語のひそひそ声で相談する。うーん、すっかり油断していた。勝手に荷物を運んでおいて、お代を取られるのも癪だが、ここはベトナムである。運ばせたのは事実だし、いまさら払わないで済ませられる雰囲気ではない。

仕方ないので、僕は財布から三万ドンを取り出し男性に差し出した。

「……これじゃあ足りないよ。五万ドンね、五万ドン支払って」

ところが、男性はふっかけてきたのだった。絶句するとはこのことだ。

なんてふてぶてしいポーターなのだろう。正直、カチンときた。そちらがそういう態度なら——。

「だったら一ドンたりとも払わないから」

僕は宣戦布告した。一度は出した三万ドンも回収し、財布にしまった。徹底抗戦の構え

寝台車は4人部屋。こういう2段ベッドの場合、自分は上段が好み。

である。三万ドンは日本円に換算するとだいたい百五十円で、五万ドンは二百五十円である。冷静に考えたら大した金額ではないのだが、金額の多寡が問題ではなかった。我ながら大人げないとは自覚するも、あまりにも不遜な態度で迫られると、こちらも「舐《な》められてたまるか」と意固地になるのだった。

男性はその後もしつこく詰め寄ってきたが、僕たちが完璧に無視を決め込んでいたら、そのうちあきらめて去っていった。無駄なお金を払わずに済んだ喜びよりも、後味の悪さが残った。いやはや、ベトナムはやはり手強い。

寝台車のコンパートメントには、ウェットティッシュが備え付けられていた。それを一瞥《いちべつ》して、しばし逡巡《しゅんじゅん》する。

「これ、無料かなあ？　使ったら後でお金を取られたりして……」

ベトナムではレストランに入ると、この手のウェットティッシュがよく出てくる。日本の感覚でいえば「おしぼり」に近いのだが、日本とは違って大概は有料なので要注意だ。開封すると、会計の際に勝手に料金に加算される。

もちろん大した金額ではないのだが、明朗会計ではないがゆえにしばしばトラブルの元にもなる。若い頃、節約旅行をしていた当時は、出されたおしぼりは使わないのが暗黙の了解になっていた。年齢相応の旅を、などと偉そうな発言をしつつも、あの頃のバックパッカー感覚からは脱しきれていないのかもしれない。

この国の旅では、正直者が馬鹿を見ることがままある。タイやシンガポールなど、ほかの東南アジアの国々と比べると、まだまだ油断ならない瞬間も多い。お気楽な旅人でいると泣きを見ることになるからと、必要以上に警戒してしまうのだった。

（3）日曜日、花咲く市場で

まだ夜も明けきらない早朝、ラオカイ駅に到着して列車を降りると小雨がぱらついていた。カバンから折りたたみ傘を取り出し、いそいそと開く。

二人で使うには小さすぎるそれをさしながら、人波に付いていくと、ホームを出たあたりに外国人旅行者が何人か集まっていた。僕たちと同じく、シン・ツーリストでツアーを手配した旅行者のようで、現地ガイドが出迎えに来ていた。

そのままみんなでガイドの後ろをぞろぞろと付いていくと、駅前のロータリーに面した一軒のレストランへと案内された。ここで休憩しながら、バスが来るのを待つとのこと。さすがは大手旅行会社、手慣れた段取りである。

タイミング的に、ここで朝食を取るのが良さそうに思えた。というより、なりゆき上、このレストランで食べざるを得ない雰囲気だった。周囲にはほかにも似た感じの店が何軒かあるのだが、迎えのバスがいつ来るかも分からないし、自分たちだけ別行動して他店で食べているうちに置いていかれたら困る。

ざっと見たところ、この日は二十人近い旅行者が席を埋めていた。休憩させてもらうとはいえ、任意なので何も頼まなくてもいいのだが、夜行列車での移動を終えたばかりの旅行者としては、コーヒーやお茶の一杯ぐらいは飲みたいものだ。

お腹《なか》が減っていたので、僕は朝食のセットメニューを注文した。トーストに卵料理だけの簡素な内容で、それなりの値段がする割にはまったく美味しくなかった。

恐らくシン・ツーリストと提携しているレストランなのだろう。黙っていても客が来るから、こういう適当な味でも商売が成り立つらしい。

食べ終わって人心地ついた後も、迎えのバスが到着するまでにしばらく待ち時間があった。手持ち無沙汰なので、店の外を軽くぶらついていたら、ロータリーに高速バスが停まっているのが見えた。ハノイからやってきた高速バスのようだった。ハノイとラオカイの間には、高速道路が開通したのだと聞いていた。そのお陰で、所要時間を比較すると、いまは列車よりバスの方が早いのだという。

そうこうするうちに、やっとこさ迎えのバスが到着した。大きな荷物はレストランに置いていくようにとの指示を受ける。バックハーの市場を見に行った後、再びここへ戻ってきて、別のバスに乗り換えるのだという。

なんだか複雑だが、言われた通りに従うしかない。まあでも、これも東南アジアの旅ではよくある展開と言えるだろうか。旅行者によって行程が異なる場合でも、ツアー会社は乗り物やガイドをその都度上手く配分しつつ対応している。あっちに乗って、こっちに乗り換えて……とパズルのようにやり繰りする手腕は案外合理的で、僕はいつも感心させられるのだった。

バスはラオカイの街を出ると、坂道をぐんぐん上っていく。カーブが多く、勾配のきつい山道である。

「ああ、山岳エリアへやってきたのだなあ」

と、静かに興奮する。

ところが、前向きな気持ちでいられたのも最初のうちだけだった。高度が上がるにつれ、霧がもわもわと漂い始めた。視界がどんどん悪くなっていく。終《しま》いには一面が真っ白な世界に変わり、数メートル先も見えないほどになった。

にもかかわらず、バスはそのスピードを決して緩めようとはしない。前を走るクルマに追いつくと、反対車線にはみ出しながら果敢に追い越しを図る。その瞬間、霧でホワイトアウトした前方から突如として大型トラックが現れたりして、ヒヤリとさせられる。大げさではなく、生きた心地がしないのだった。

峠道を上り終えると霧は晴れ、窓の外には民家が散見されるようになった。さらには道を歩いている人たちの姿が見慣れないものに変わったのを見て、バスが目的地に到着したことを知った。バックハーである。

　ラオカイを出てから二時間が経過していた。こんな山奥の小さな街へわざわざ訪れたのは理由がある。この街の市場を見たかったからだ。

　バックハー市場は、サンデー・マーケットである。そう、日曜にのみ開かれる市場なのだ。週に一度しかチャンスがないとなると、訪れるためのハードルは高くなる。曜日を上手く合わせる形で旅の計画を練らないとならない。

　しかし、市場好きな我々としては、ぜひとも見てみたい市場だった。スケジュールを調整して、日曜にバックハーを訪問できるようにしたのだ。

　要するに、今回の旅のプランはこの市場ありきで組んでいたわけだ。今回のベトナム旅行におけるメインテーマと言っていい。それほどまでに、我々にとってプライオリティが高いスポットだったのである。

　これはベトナムに限らないが、訪れる前の時点で期待しすぎるのも良し悪しかなあ、と思っている。もちろん期待で胸を膨らませるのも旅の楽しみの一つなのだが……。期待が大きければ大きいほど、厳しい目で評価したくなるものだ。実物を目にして、万が一期待にそぐわなかったら、期待した分だけガッカリ感も大きくなる。

　だから、なるべく無関心を装いながら訪れたつもりなのだが——。

いざ市場へ足を踏み入れてみて驚いた。いや、「驚いた」なんてレベルではない。ぶったまげた。のけぞりそうになった。お口をあんぐり状態。もちろん、いずれもいい意味でだ。とにかく、感激したのである。

パッと見の外観は、アジアの田舎でよく目にする市場と大差ない。けれど、これほど色彩豊かな市場は、ほかではなかなか見られないだろう。

まるであちこちで花が咲いているような光景だった。色彩の正体は、市場を行き交う女性たちが身にまとう民族衣装だ。砂埃《すなぼこり》が舞う未舗装の市場が、原色を主体とした派手目なカラーリングで埋め尽くされていた。なんて現実感が乏しい光景なのだろうか。ファンタジー世界へ迷い込んだような錯覚を抱く。

僕は女性たちの美しい衣装に目が奪われっぱなしだった。数十色もの糸を駆使して微細な刺繍が施された布――それらを縫い合わせて衣装に仕立て上げている。それも一部分ではなく、頭から足まで漏れなくほぼ全身を、カラフルな衣装でコーディネートしているから圧倒される。

彼女たちは、多くは「花モン族」なのだという。モン族にはタイやラオスを旅していてもしばしば出会うが、モン族と花モン族は別の民族で、衣服は似ているようで少し違うようだ。花モン族の方がより華やかな印象を受けた。なるほど、「花」が付くだけのことはある。僕にはまさに花そのものに見えたほどだ。

「あのカバン、可愛くない？」

僕が民族衣装の美しさに目を瞬《しばたた》かせている一方で、奥さんはすっかり買い物モードへ突入しているようだった。布きれやポーチといった小物類のほか、スカートのような大物まで買って、両手に買い物袋どっさり。市場は買い物を目的とした場所であるから、ショッピングは正しい楽しみ方ではあるけれど……。

バックハー市場では色んなものが売られていた。野菜や果物、肉といったお決まりの生鮮食料品に加え、衣類や雑貨類を並べる店も多い。花モン族の女性たちがまさに身につけているのと同じものが商品として陳列されている。

「あの子がかぶっている頭巾の柄、いいよね」

などと参考にさせてもらいながら、すぐに自分も同じものが買えてしまうわけだ。ある意味、見本市会場のような様相を呈していた。

ただし、いざ買い物をしようとすると、これがなかなか一筋縄ではいかない。

品物をちょっと手に取っただけで、店員さんがツツツと寄ってきて、あれもこれもと勧めてくる。そういうオススメ商品がまた絶妙に客の好みのツボにハマっていたりして、ついつい余計なモノまで買わされてしまう。

いちおう料金交渉は試みるが、向こうは手練《てだ》れである。戦う前から勝敗は決まっているようなものだ。相場が分からないからぼられたとしても気がつかないし。

「このアグレッシブさは、まさにベトナムって感じだねえ」

僕たちは感心させられていた。少数民族とはいえ、彼女たちもベトナム人らしい商魂の逞《たくま》しさを持ち合わせていたのだった。

「売っている人も買っている人も、みんな女性じゃない？」

フト、奥さんが指摘した。言われてみれば確かに、女性だらけの市場だなあ。

もちろん、男性がいないわけでもないのだが、比率にしたら明らかに少ない。ちなみに男性は民族衣装ではなく、普通の格好である。華やかな民族衣装のせいで、なおさら女性が目立って見える、というのもあるのかもしれない。

ほかより男性率が高めの一画を見つけて行ってみると、そこでは牛が売られていた。家畜の牛である。おおっ、と思わず声が出た。一頭や二頭ではなく、数十頭もの牛が繋《つな》がれている光景はなかなか壮観だ。

「こちらはアフリカみたいだねえ」と、夫婦で同意する。

かつてタンザニアで訪れた、マサイ族のマーケットを彷彿《ほうふつ》させる光景だった。観光用のマサイマーケットではなく、マサイの人たちのための市場で、そこでも同じように牛が売り買いされていた。彼らにとっては、牛を所有することが富の象徴となっている。花モン族の人たちも似たような感覚なのだろうか。

女は華やかに、男は猛々《たけだけ》しく。バックハー市場は、男女の役割分担がしっかりなされている市場のようだった。

ぐるりと散策していると、美味しそうな匂《にお》いが鼻孔をついた。屋台を囲むテーブルの上で、お椀から湯気が立ち上っている。横から覗《のぞ》き見ると、みんながみんな同じものを食べていた。麺料理のようだった。

ちょうどお昼時だったので、ここでランチを取ることに決めた。言葉は通じないが、メニューは一種類しかないから注文するのに困ることはない。席に着くと、すぐにお碗が二つ出てきた。

観光地ではなく、あくまでも市場。地元の人たちは案外ノリがいい。

恐る恐る口に運んでみる――うん、ウマい。食感はフォーに似ているし、味も東南アジアではお馴染《なじ》みのお米の麺だ。ただし麺の色が白ではなく、ピンク色をしていた。ピンク色のフォー？　これは珍しい。日本で言えば、色付きの素麺《そうめん》みたいな感じか。

ツアーの集合場所は、市場の入口近くのレストランだった。トイレを借りるのにいったん戻ると、欧米人の旅行者がランチを取っていた。いかにもツーリスト向けレストランといった装いだから、ピンク麺にトライして正解だったと思った。

「あなたたちは食べないの？」

ガイドさんに訊かれたので、屋台で食べてきたと答える。すると、

「あの麺はバックハーの名物料理なのよ」

と教えてくれた。ふむふむ、そうなのか。考えたらピンク色というところが、色鮮やかな民族衣装の女性たちで彩られたこの市場にマッチしている。花のような人たちが食べるのは、花のような麺というわけだ。

（4）ベリーヤング！　とおだてられ

バックハーを後にした僕たちは、ラオカイへ戻って荷物をピックアップし、別のバスに乗り換えサパへと向かった。

サパへと続く山道もこれまた引き続きスリリングだった。運転手は相変わらずエンジンがぶっ壊れるのではないか、と心配になるほどのスピードでかっ飛ばす。途中で公道なのに牛の大群とすれ違ったり、自転車を積んでいるバイクを追い越したりと、ここでも突っ込み要素があるから、別の意味でも目が離せない。

何より車窓を流れる景色が素晴らしいの一言だった。急斜面を耕して作られた棚田に目を細めた。高度が上がるにつれ、雲が近づいてくるのにも興奮した。

サパでは二泊する予定だった。基本的にせっかちな旅行者なので、大抵は一つの街に一泊しかしない。連泊するということは、それだけ期待度が高い街でもある。はるばる遠くまでやってきたので、少しゆっくりしたかったのだ。

もっとも、二泊ぐらいなら駆け足な部類に入るのかもしれない。風光明媚《ふうこうめいび》な自然に囲まれた山岳リゾートである。マッタリゆるゆるな旅が似合う。バックパッカーの世界では、無目的に長期滞在することを「沈没」と呼ぶが、サパはまさに沈没するにはうってつけと言えそうな場所だと思う。

　こういうのんびりとした空気が漂う場所では、歩く速度が自然とゆっくりなものになる。ハノイのような都会とは違い、バイクに轢《ひ》かれないよう気をつける必要がない。それほど大きな街ではないから、いちいち地図を見ずとも迷子になることもない。気ままなそぞろ歩きが、とにかく心地よかった。

「一週間、いや一ヶ月ぐらいいてもいいね」

　僕たちはすっかりご満悦で、そんな軽口を叩くほどだった。

　一泊して翌日、トレッキング・ツアーに参加した。個人でも行けなくはなさそうだが、土地勘のない山道だしツアーが無難だろうと

重たくない？　危なくない？　色々と突っ込みたくなるのです。

判断したのだ。

料金が手頃なのも大きい。泊まっていたホテルで申し込んだのだが、行き帰りの移動や英語ガイド、昼食などがすべて込みで一人十五ドルだった。サパに限らず、ベトナムはこの手の現地ツアーが充実しており、しかも他の国々と比べると格安である。直前に思い立っても現地ですぐに申し込める手軽さも魅力的だ。

とはいえ、いざツアーに参加してみると、十五ドルでは済まなかったりもするから油断は大敵である。サパのトレッキングでは、これぞベトナムとでも言えそうな、突っ込みどころ満載の展開が待っていたのだった。


ツアー当日、朝から気持ちのいい青空が広がっていた。パンに卵焼き、ベーコンという簡単な朝食をホテルで済ませ、僕たちは指定された集合場所へ向かった。

まだ朝も早い時間帯にもかかわらず、沿道には物売りの姿がやたらと目につく。土産物を売る、少数民族の女性たちだ。

「ハロー、ミスター、何か買っていきませんか?」

見るからに旅行者であるせいか、歩いているだけで次々と彼女たちから声がかかる。付近の村から売りに来ているのだろうか。商売の熱心さに感心させられるが、こんなに朝早くから土産物を買う気にはなれない。これからツアーだし。

「ごめんなさい。いまは急いでいるから、またあとで……」

そんな感じで適当に誤魔化しつつ、僕が物売りをあしらっていると、

「あとで、なんて言ってたら、本当にあとで買わされるかもよ」

横で奥さんが苦笑いを浮かべた。ううむ、言われてみれば確かに。

早朝から営業活動をしているぐらいだから、顔を覚えてまた声をかけてくるぐらいのことは平気でするだろうなあ。

「朝会ったときに、あとでって言いましたよね？」

と迫られたらどうしよう。ううむ、逃げる口実を考えておかねば……。

ツアーを催行する旅行会社のオフィスが集合場所になっていた。中へ入ると、すでに何組かの外国人旅行者がいて、とりあえず「ハロー」と無難な挨拶を交わした。ざっと見たところ、ほぼ白人ばかり。英語ツアーだから当然か。

集団行動が苦手なタイプなので、こういうツアーはいつも緊張する。欧米人を相手に英語でジョークを言い合えるほどの気さくさは持ち合わせていないし、語学力に自信もないからつい消極的になるのだ。

ところが引っ込み思案な夫とは対照的に、妻は臆することなくぐんぐん攻めていく。我が

家では毎度のことでもある。

「どこから来たの？　へえ、メキシコね。オラ〜、ブエノスディアス！」

奥さんは自分から近くにいた禿頭《とくとう》のオジサンに話しかけていた。メキシコ人だというそのオジサンのいかにもラテンなノリに、奥さんも感化されたようだった。二人で冗談を言い合いながら場の空気を和ませている。

最初のうちこそ僕もなんとなく会話に参加しつつ、なんとなく頷いたりもするのだが、英語でのやり取りが続くと疲れてしまい、だんだん無口になってしまう。気がついたら蚊帳《かや》の外だが、それもまた毎度のことである。

そうこうするうちに続々と人が集まってきて、ツアーへと出発することになった。マイクロバスに分乗して、トレッキングのスタート地点まで移動する。

「あれ、日本の方ですか？」

声をかけられたのは、窓の外に広がる棚田に目を細めているときだった。すっかり英語モードでいたところに突然日本語で話しかけられたので驚いたのだが、声の主が独《ひと》り身のオジサンだと知って僕はさらにビックリした。

旅をしていると、各地で日本人の旅行者にももちろん出会う。それこそ、こういうツアーが出会いの場になっていたりもする。

けれど、一緒になる旅人の傾向としては、女性だけのグループか女性の一人旅、あるいはカップルがほとんどである。たまたまなのかもしれないが、男性の一人旅というのはレアケースで、滅多に見られないのだ。しかも、若者ではなくオジサンというパターンは非常に珍しいなあと思った。

マイクロバスは村の入口で僕たちを降ろすと、すぐに走り去っていった。帰りはトレッキングのゴール地点まで先回りして、ピックアップしてくれるのだという。昨日バックハー市場へ行ったときにも感じたが、ツアーだと言われた通りにひょこひょこ付いていくだけなので拍子抜けするほど楽チンだ。

僕たちが歩き始めると、すぐにどこからか女性たちが集まってきた。まだ幼さを残す小

サパ周辺には絶景の棚田が広がっていた。田んぼ愛好家の血が騒ぐ。

さな子から、皺《しわ》が目立つおばあちゃんまで年齢層はさまざまながら、いずれも女性で、しかもみな色とりどりの民族衣装を身にまとっている。

印象的だったのは、彼女たちが判で押したように同じ質問を口にしたことだ。

「What's your name?」(あなたの名前は?)

「Where are you from?」(どこから来たの?)

「How old are you?」(歳はいくつ?)

「Very young!」(若いのね!)

ここまで、全員同じ台詞。一字一句違《たが》わず。恐らく定型の質問なのだろう。見るからに初老といった感じの白人男性にも、「very young!」と言っていたし。

ただ、それらの質問以外の会話は分からないようで、こちらから何か訊き返すと、意味が通じていないのか黙り込んでしまうのだった。

「村の人たちかねえ?」

などと訝《いぶか》っていると、彼女たちはそのまま僕たちに並ぶ形で後を付いてきた。坂をてくてくと下っていき、大きなカーブを二つも三つも曲がったけど、どこまでも付いていくる。とくに何かを話すわけでもないが、我々の横にピッタリとマークしている。

おもしろいことに、彼女たちは担当制のようだった。旅行者一人につき、一人の村人が付きっきりというスタイルなのだ。

僕たちに付いたのは高校生ぐらいの女の子たちだった。「Very young!」とおべっかを言うのに、あなたたちの方が若いでしょうと返しながら、棚田をバックに美しい民族衣装姿の写真を撮らせてもらったが、表情はどこかぎこちない。

ツアーの参加者は十数名で、全員に村人が付くから人の数はその倍になった。そんな大人数で山道をゾロゾロと進んでいく。

「まるで大名行列のようだなあ……」

外国人御一行様と、民族衣装の女性たちという不思議な組み合わせ。

僕たちはこの滑稽《こっけい》な状況を楽しんでいた。本当にただ付いてくるだけなのだ。金をくれとか、これを買えなどとしつこく迫られることもない。いまのところは——。

若い従者の笑顔が営業スマイルだったと分かったのは、坂を下りきって集落の中へ入ってからだった。行列がいったん停まり、ツアーご一行が小休止タイムとなったのを見計らって、彼女たちは背負っていた風呂敷包みを降ろした。それを広げると、中から出てくる出てくる。色彩豊かに刺繍された布や小物入れなどなど。全部、お土産物である。外国人旅行者を狙った、行商の女性たちだったのだ。

まあ、なんとなく予想していた展開ではある。

問題はどうやってこの場を切り抜けるかだった。土産物を品定めさせてもらうと、いかにも手作りといった素朴な雰囲気ながら、色使いがエキゾチックでなかなか可愛らしい。純粋に「欲しい」と思えるものもいくつかあった。

とはいえ、いささかタイミングが悪い。僕たちは昨日、バックハー市場で買い物をしたばかりだった。それも、結構な爆買いをしてしまったのだ。若い行商人が広げる商品は、昨日買ったものと似た系統の雑貨である。「もういらないかな」というのが正直なところなのだ。

「でも、買わずに済む雰囲気じゃあないねえ……」

僕たちはひそひそと小声で作戦会議をする。

「あの布だけ買おうか。布なら何枚あっても困らないし」

そう奥さんが提案するので、布を二枚だけ買うことにしたのだが――。

そこはやはりベトナムである。値段を訊いたら、えっと驚くような高値をふっかけてくる。二枚で十五万ドン。実は昨日もバックハーでほとんど同じような布を買っていて、そのときは二枚で八万ドンだった。倍近い金額に、僕たちは怯んだ。

「もう少し安くないと買わないよ」

いちおう交渉を試みる。結局、五ドルで手を打った。ドンではなくドルである。財布の中にたまたま米ドル紙幣があったので、それを使ってみたのだが、五ドルは十一万ドンぐらいで、大して安くはなっていない。

お買い物を済ませたところで、再度彼女たちの写真を撮らせてもらった。改めて訊いてみたら、僕の担当だった女性は二十二歳だというので驚いた。この辺りに住む女性たちは、十七〜十八歳で出産するのが普通なのだと聞いていた。高校生どころか、もう子どもがいてもおかしくない年頃ではないか。

女性は先ほどのぎこちない表情とはうって変わって、満面の笑みを浮かべてくれた。そのニコニコぶりを見て、自分たちがいいカモであったことを悟るのだった。

小休止という名の商談タイムが一段落すると、再び行列は歩き始めた。

「今回訪れる村は三つです。まずここがラオチャイ、人口は二千六百人です。次がタヴァンで三千人、最後がザンタチャイで千五百人です」

ガイドのおばさんが村の名前に加え、なぜかそれぞれの人口数まで教えてくれる。いずれも千の単位であり、予想したよりも人口は多い印象だ。綺麗な英語を話すガイドさんだが、自身も民族衣装を着ていてとても絵になる。

「おばさん……じゃないかもよ？　老け顔だけど、実は私たちより若い気がする」

奥さんにそうたしなめられた。人を外見だけで判断してはいけない、と。

そういえば、ツアーで一緒になったメキシコ人の禿頭のオジサンも、後で訊いたら三十三歳だと判明した。さらには、一人旅の日本人のオジサンもなんと歳下だった。僕のほうがずっとオジサンなのであった。なんてこった……。

一緒に山歩きをしてくれた女性たちとは、村を出たあたりでお別れとなった。縄張りのようなものが決められているのかもしれない。次の村で昼食を取った後は、また別の一団がどこからか集まってきて、僕たちの後を付いてきた。最初の女性たちと同じように、一人の旅行者に一人の女性がマンツーマンで付く。

「また土産物を買わされるのだろうか」

猜疑《さいぎ》心が芽生えるが、付いてくるなと言うわけにもいかない。

やがて道のコンディションが悪化してきた。山道とはいえ、午前中は整地された歩道をゆるゆると歩くだけで超が付くほど楽勝だったのだ。ところが、午後は一転して

商談成立後。この笑顔を見て、自分がいいカモだったことを悟る。

悪路に変わった。勾配がきつく、おまけに道が非常にぬかるんでいて、足を取られる。気をつけていても、つるんと滑って転びそうなほど。靴はドロドロだ。

へっぴり腰の僕たちを見かねたのだろう。一緒に歩いている村人の女性たちが僕たちの手を取って、先導してくれた。足場になるスペースを確保したうえで、さあこちらよ、といった感じで手を繋いで引いてくれる。その手が女性にしてはずいぶんと力強くて頼りになるというか、男前すぎて惚《ほ》れそうになるのだった。

しかも、である。僕がよろけると、なぜか「ソーリー」と謝られた。きちんと手を引かなくてごめんなさい、という意味の「ソーリー」なのだろうが、よろけたのは彼女のせいではない。こちらこそ申し訳ない気持ちでいっぱいだ。

「これはもう、買わずに逃げるわけにはいかなそうだね」

同じように村人に手を引かれながら、僕の前を歩く奥さんが振り返って言った。うむ、それこそが目下の懸念事項である。ハードな道のりが一時間以上は続いた。その間、村人たちはずっと付きっきりで手を引いてくれたのだ。親切心だけでヘルプしてくれたのではないことは、最早暗黙の了解であった。

山を越えて最後の集落へ辿り着くやいなや、女性は「フィニッシュ」と一言つぶやき僕の手を離した。そうして、その場で風呂敷包みを広げ始めたのだった。中身は例によって土産物の数々だ。ほかの旅行者に付いていた村人たちも、あちこちで店を広げている。即席の商談会の始まり、始まり、である。

「さあ、見ていって。あれだけ手助けしたのだから、いっぱい買うわよね？」

言葉にこそ出さないが、女性がそう言わんとしていることは伝わってくる。無言のプレッシャーに追い詰められ、僕は観念するしかなかった。

タブレット端末を入れるのにちょうど良さそうなサイズのポーチがあったので、それを購入することにした。値段を訊《たず》ねると、三十五万ドンだと言う。た……高い。がんばって値切ると、なんとか十五万ドンまで下がったが、最初に「三十五万ドン」と口にしたときの彼女の悪びれもしない様が印象に残った。

つい先ほどまで、「ソーリー」などと言いつつ気遣ってくれていたはずなのに、たちまち百戦錬磨の行商人へと変身を遂げる。

村から村へ。こんなに至れり尽くせりのトレッキングは初めてだ。

実にあっけらかんとしているというか、あまりの切り替わりの早さに清々《すがすが》しさを覚えるほどだ。

（5）たまには奇跡も起きる

ある意味不可抗力とも言えそうな買い物などもあったが、バックハーやサパで僕たちは久々にたんまりとお土産を買い込んだ。それらを持って帰るにあたり、忘れられないエピソードがあったので紹介しておきたい。

これもまたベトナムらしい突っ込み要素と言えなくもないが、どちらかと言えば突っ込まれるのは自分たちである。実は大失態をやらかしたのだ。

あれこれ購入したが、中でも大物は花柄のハンドバッグだった。値段も二十米ドルぐらいと他より高く、文字通りサイズも大きかった。買い物をしたせいで荷物が増えてしまったので、戦利品をそのバッグに詰めて持って帰ったのだが——。

置き忘れてきてしまったのだ……バッグを……バスの車内に。

がーん。近年稀《まれ》に見るレベルの痛恨のミス。

でも、冷静になってから振り返ると、やらかしがちな類いの失敗と言えるかもしれない。少なくとも、僕は初めての経験ではなかった。普段は持ち歩かないカバンだから、手を離れると存在を失念してしまったりもする。

なにせ、忘れたことになかなか気がつかなかったほどである。

「あっ、そういえば花柄のバッグはどうしたっけ？」

と言い始めたのは、バスを降りてから数時間後のことだ。あちこち探したが、どこにもない。うーん、おかしいなあ、どこに置いたかなあ……と記憶を繙《ひもと》いていくうちに、どうやらバスに忘れてきたらしいと、ようやく理解したのだった。

外国で遺失物を探し出すのは至難の業《わざ》だ。土地勘はないし、言葉も通じない。ましてやベトナムである。貴重品ではないとはいえ、一度手放してしまった私物が戻ってくる確率はかなり低いのではないか、と僕には思えた。

「あーあ、しょんぼり。まあでも土産物だけで済んで良かった、かな」

奥さんが項垂《うなだ》れていた。忘れたのは彼女なのだが、咎《とが》める気にはなれない。僕も以前に、オランダで買ったばかりのチーズを列車内に置き忘れてきたことがあった。さらにはフィンランドで買ったオシャレな製氷皿を、帰国後に成田から自宅へ戻る途中の電車の中でなくしたこともあった。前科は一犯どころではないのだ。

とはいえ、このままあきらめるのも悔しい。めちゃくちゃ悔しい。

確かなのは、置いてきたバスがラオカイからサパへ移動するのに乗ったバスだということだった。この区間はシン・ツーリストで申し込んでいる。

「シン・ツーリストの電話番号は分かりますか？　自分が問い合わせてみますよ」

思いがけない申し出をしてくれたのは、サパで泊まっていたホテルのマネージャーさんだった。なりゆきで事の顚末《てんまつ》を話したら、代わりに電話をして確認してくれるという。いやはや、ありがたや。ここは好意に甘えるのが得策だ。

ツアーのインボイスに書かれていた番号を見せると、親切なマネージャーさんはさっそくその場で電話をかけてくれた。一通りの状況を向こうに伝え、確認をお願いする。追って折り返しの連絡をもらえることになった。果たして見つかるだろうか。見つかるといいな……。

「例の件、先ほど連絡があったのですが」

ベトナムのカバンはセンスがいい。今回はプラカゴもお買い上げ。

マネージャーさんが声をかけてきたのは、僕たちがトレッキング・ツアーから戻ってきたときのことだった。そろそろかな、と心の準備はしていたのだが――。

「――バッグ、あったようです」

「えっ？　ええええ？　あった……の？」

信じられない。なんと、朗報である。奇跡と言えるかもしれない。問い合わせをしておきながらも、まさか見つかるとは思っていなかったから、僕たちは意表をつかれた。ダメ元でも当たってみるものである。

サパからハノイへ帰る日がやってきた。再びラオカイを通るので、バッグは前回利用したラオカイ駅前のレストランで受け取る段取りになっていた。

「ドント・ウォーリー、話はしてあるので大丈夫ですよ」

見送りの際にマネージャーさんはそう言っていたが、ここはベトナムである。内心ではまだ百パーセントは安心できていなかったのが正直なところだ。

ラオカイ駅へ辿り着くと、僕たちは来たときと同じレストランで降ろされた。サパを出発する際に、マネージャーさんが運転手に事情を話してくれていたようだが、店に着いて僕たちを降ろすとクルマはそのままどこかへ走り去ってしまった。

仕方ないので、英語の話せそうな店のスタッフの男性を捕まえ、バッグの件を伝えてみた。男は一応はうんうんと頷いてくれたが、なんだか面倒くさそうな対応だ。それを見て、僕たちは不安に駆られるのだった。

「うーん、ちゃんと話が通じているのだろうか……」

男に指示され、僕たちは店内で待機することになった。ハノイ行き列車の出発時刻が迫っているので、ここで夕食を取らざるを得ない。来たときとまったく同じ展開だ。大して美味しくもないご飯を食べつつ、バッグが現れるのを待つしかなかった。

一通り食事を平らげ、会計まで済ませても、まだ何の音沙汰もなかった。先ほどの男の姿は店内にはない。

「わたし、もう一度あのお兄さんに訊いてくる」

結構広い店なので、テーブル席からでは見えない入口付近に男がいるかもしれないと、痺《しび》れを切らした奥さんがとうとう席を立った。

ところが、今度はその奥さんがなかなか帰ってこない。荷物があるので自分まで席を立つわけにはいかず、僕は悶々《もんもん》としていた。十分以上は待っただろうか。何かトラブルにでも遭ったのだろうか、と心配していたらようやく彼女が戻ってきた。

遠目からでも奥さんがニコニコ顔なのがわかった。その右手に見慣れた花柄のバッグがあるのを見て、僕も笑みがこぼれた。

「女の人がバイクで持ってきてくれたの。それでさっきのお兄さんが、その女の人にチップを払った方がいいって。いま外に待たせているんだけど。チップ、五万ドンだって。あるかしら？」

ふむふむ、なんとなく状況がつかめてきた。チップの金額まで指定されたのはなんだかなあという感じだが、バッグを取り戻せたことを思えば些細《ささい》なことだ。

ところが、財布を開き、五万ドンを出そうとしたら――細かいのがなかった。

「三万ドンしかないや。あとは大きなお札だけ」

とりあえずその三万ドンを持って、奥さんが再び店の外へ出て行った。すると、

「これしかないんだけど……って言ったら、じゃあいらないって」

交渉は決裂したようで、三万ドンをそのまま持ち帰ってきたのだった。

あらら、値切られたと誤解されて、気分を害したのだろうか。まあ、いい。ともあれ、結果的にはタダでバッグを取り戻せたことになる。ああ、良かった。

以上が、事件のあらましである。我が家では「バックハー事件」と呼んでいるのだが、実はこの後もハノイで再び似たような失敗を犯していたりもする。

「あれ、帽子が……ない！」

悲愴な声を上げたのは、旧市街の外れにある「ミンシー・プリン」というスイーツ店でプリンを食べているときのことだった。お昼ご飯を済ませたその足で、食後のデザートをはしごしていた。もしかしたら世界一美味しいプリンかもしれないそれを口にして、すっかり天国モードだったのが一転、地獄へ落ちた気分になる。

僕は旅行中によくモノをなくすのだが、なかでも最も紛失率が高いのは帽子かもしれない。カフェなどに入って休憩するときに脱いでそのまま忘れたり、タクシーに置いてきてしまったり。我ながら、注意力不足というか、間抜けというか。

足取りを辿ったところ、どうやら昼食に入った鶏おこわの店に置いてきたのではないか、と思い至った。急ぎ足でその店へ戻ると、店頭で調理をしていたおばちゃんが僕たちの顔を見て、ニヤリと微笑《ほほえ》んだ。そうして壁に手を伸ばして——フックにかかっていた帽子を手に持って見せてくれたのだった。

「それそれ、それ！」

と指差しでアピールする。

良かった。またしても無事に戻ってきたのだ。

ベトナムの人たち、とくに旅行者を相手に商売しているような人は手強い。見方によっては、「逞しい」と表現してもいいかもしれない。あの手この手で旅行者に迫ってきて、隙あらば一ドンでも多くお金を得ようと画策する。

僕自身、過去に色々と痛い目にも遭っているせいもあり、ベトナムは無償の親切のようなものは期待できない国だと思い込んでいた。バックハー事件と続く帽子の一件を経て、そういうイメージもどうやら自分の偏見だったのかもしれないなあと、思い直したのだが——。

（6）旅しておもしろい国

サパからハノイへ戻ってきて数日後、今度は南下してニンビンへ向かった。

二〇一四年にこの街一帯の史跡や景勝地などの複合体が世界遺産に登録されたことで、旅行先として急速に人気が高まっているのだと聞いていた。

僕たちはまたしてもシン・ツーリストでツアーをブッキングした。ハノイから日帰りで行って帰ってくる英語ツアーで、一人五十九万九千ドンだった。

そのツアーではベトナムの古都ホアルーへまず立ち寄った。ハノイへ遷都されるまで都だったところで、かつての宮殿の一部が現存している。遺跡のような景観の中で、ガイドさんの説明を聞きながら歴史のお勉強タイム。都が置かれていたのは九六八年～一〇一〇年までというから、割と短命の王朝のようである。

「長岡京みたいな感じかねえ」

と、長岡京市生まれの奥さんがつぶやいた。なるほど、おもしろいことを言う。

ランチを挟んで、午後からはタムコックへ移動する。

ちなみにシン・ツーリストに限らず、ほかの会社が催行するニンビンのツアーでもホアルーとタムコックの二ヶ所をセットで巡るのが定番のようだ。いかにもツアー向けといった装いのドライブインには、各社のツアーバスがひしめき、外国人旅行者でごった返していた。

タムコックは奇岩に囲まれた自然の景勝地で、水墨画のような風光明媚な景観が観られるところだ。「陸のハロン湾」などと呼ばれているそうで、行ってみるとなるほど確かにハロン湾に似ていると感じた。

ハロン湾では海上から船で見て回るが、タムコックではリバークルーズが楽しめる。といっても船は小さなボート、しかも手漕《てこ》ぎである。漕ぎ手のおばちゃんたちが被《かぶ》っている菅笠《すげがさ》が、ベトナムらしい素朴な風情を演出していてなかなかいい。

川の流れのようにのんびりと寛《くつろ》ぎながら、自然の美しさに目を細める幸せなひととき。ところがこのボートトリップで、僕たちはベトナムの洗礼を浴びたというか、再び突っ込みどころに遭遇したのだった。

「気に入ったら、漕ぎ手にチップを渡してくださいね」

ボートへ乗り込む瞬間、ガイドさんに釘を刺された。わざわざそんな忠告をしてくるとは――と僕は身構えたのだが、嫌な予感は的中することになる。

タムコックとは、現地の言葉で「三つの洞窟」を意味するのだという。ボートトリップでは川を進みながら、それらの洞窟を順に抜けていく。

三つ目の洞窟を越えたところが休憩場所になっていて、物売りのボートが近づいてきた。というより、むしろこちらから物売りのボートへ向かっていったようにも見えた。飲み物やお菓子などを買わないか、とのこと。漕ぎ手のおばちゃんが懇意にしている物売りなのかもしれない。僕たちが買い物をすれば、いくらかのバックマージンが入る仕組みなのだろうと想像した。

「買い物はいいです。飲み物は持っているし、お腹も減っていないので」

丁重にお断りしたのだが、物売りの男は簡単には引き下がらなかった。

「君たちはいらなくても彼女は疲れているから、何か買ってあげてよ」

と言って、漕ぎ手のおばちゃんへのプレゼ

古都ホアルーを見学。写真の門は立派だが、中へ入ると地味な感じ。

ントを提案してくる。おそらくこれも常套句《じょうとうく》の一つなのだろう。周囲のボートを見ると、ほかの外国人旅行者は結構買わされているようだった。僕たちはしばし逡巡したが、

「まあでも、プレゼントするとしてもモノよりも現金の方がいいよ」

という結論に至った。あとでチップをはずもうかなと。

僕たちが乗ったボートの漕ぎ手は、やけに愛想のいいおばちゃんだった。英語はあまり分からないようで、無言で櫂《かい》を前後へ動かしボートを進めている。目が合うとニコリと微笑んでくれるが、その笑みにも少なからず下心が含まれていそうで、つい警戒してしまう。

休憩場所は折り返し地点になっていて、そこからは来たルートを引き返す。帰りもほぼ同様のスローペースでボートは進んでいき、やがて船着き場が見えてきたところで、それまで黙り込んでいたおばちゃんが待っていましたとばかり、チップをせがみ始めたのだった。

うーむ、予想通りの展開である。これは回避不可能な支払いかなと、僕たちは腹をくった。チップは支払おう。支払うとして、問題はその金額だった。

「いくらぐらいがいいのかねえ。五万ドンとか？」

奥さんに意見を求めた。ボートの上で、日本語で緊急会議が開かれる。

「そうだねえ、五万ドンぐらいでいいかな。でも、まずは三万ドン渡してみて、渋い顔をされたら二万ドン追加する作戦は？」

という彼女の提案に、ふむふむそれはグッドアイデアだと僕は賛同する。チップとは心付けであり、感謝の気持ちを表すものだ。もらう側が金額にあれこれケチをつけるのもおかしな話なのだが、ここはベトナムである。

僕が三万ドンを渡すと、案の定おばちゃんは険しい顔になった。見るからにご不満のご様子。こうなることを見越して、二段構えでいて良かった。やれやれ、もうしようがないなぁと、ここで作戦通り二万ドンを追加してみる——。

ところが、おばちゃんは首を振った。

「ハンドレッド」

そうして、なんと数字を英語で口にしたのだった。ベトナムドンは桁数が多いので、実際のやり取りでは下三桁を省くのが一般的だ。ハンドレッドとは百のことだが、実際には百にゼロを三つ加える。すなわち、十万ドンになる。

チップが少ないとケチをつけるどころか、具体的に金額まで指定してくる。相手の出方を想定して二段構えの作戦を採ったわけだが、おばちゃんの方が一枚上手だった、というオチである。見事に作戦失敗。しぶしぶ十万ドンを払ったのだった。

ところが突っ込み要素は、それだけではなかった。実はさらに驚きのエピソードがあったのだ。

ノスタルジー漂うリバークルーズである。まるで時の流れが止まったかのようなタムコックの悠然とした景観美を前にして、ボーッと見惚《みと》れ、感慨に浸りたくなる。けれど、そうもいかないのがベトナムだった。前述した物売りに加え、ほかにも登場人物が色々と現れ、こちらを放っておいてはくれないからだ。

「ハロー！」

大きな声で呼びかけられ、振り返ると僕たちの隣をボートが併走していた。見た感じ同年代ぐらいの女性が、一眼レフを構えていた。「スマ〜イル」と指示されたので即席で笑顔を作ると、シャッター音が聞こえた。なるほど、カメラマンというわけだ。写真を撮ってくれるということか。

ビックリしたのが、彼女の体勢である。川

タムコックは風光明媚だけれど、観光地すぎて好みが分かれるかも。

の上だから向こうもボートなのだが、両手はカメラで塞がっているので櫂を持てない。どうしているのかというと、なんと両足で櫂を漕いでいるのだ。器用なんて次元ではない。サーカスのショーを見ているようなのだ。その格好を見た瞬間、思わず笑ってしまった。

僕たちは写真を撮るのが好きだが、撮られるのも大好きである。アクロバティックなカメラマンの登場に心を鷲掴《わしづか》みにされ、高いテンションで相手をしていると、向こうも調子に乗ってずっと付いてきた。そうして足でボートを漕ぎながら、何枚もシャッターを押してくれたのだった。

格好の被写体、もといカモだと思ったのだろう。当然ながら写真は有料である。

「ワンフォト、ワンダラー」

と女性は言った。一枚、一ドルか。仕上がり次第だけれど、そのぐらいなら買ってもいいかなと思える値段設定だった。

ボートトリップを終え、船着き場からてくてく歩き始めた途端に呼び止められた。見ると、先ほどの女性カメラマンだった。先回りして、僕たちが戻ってくるのを待っていたのだろう。もはや逃げ場なし、である。

といっても、きっとこうなるであろうと僕たちも予想していたし、その場合にどう対応すべきかについても次のように相談済みだった。

「良く写っていなくても、二、三枚は買ってあげてもいいね」

彼女の逞しいプロ根性に敬意を表して。まあ、チップ代わりである。

ところが、僕たちはここでも読みが甘かったのだ。

待ち構えていた女性が差し出した写真を見て、僕は唖然《あぜん》とした。なんと撮った写真がすべて一冊のアルバムにまとめられていたのだ。このアルバムごと買ってくれ、と言う。写真は全部で十二枚。一枚一ドルだけれど、セットなら十二枚でも十ドルでいいと、しかもアルバムも無料で付けるのだと。

うーむ、商売へ対するあまりのアグレッシブさには、呆《あき》れるのを通り越して、畏怖の念を抱くほどだ。よくよく見ると、写真一枚ずつにラミネート加工まで施されていた。うーむ、いつの間に。仕事の速さにも驚かされる。

結局どうしたかというと、言われるがまま従った。呆気に取られ、交渉する気にもなれなかった。十二枚セットのアルバムをお買い上げ。完敗である。

いやはや、ベトナムの人たちは本当に手強い。これはもはや見習うべき種類の手強さなのかもしれないなあ、と僕はこのとき改めて思ったのだった。

日帰りツアーを終え、ハノイに帰ってきた頃にはすでに陽は傾《かし》ぎ、街は目が回るようなバイクの洪水で埋め尽くされていた。ヘッドランプやテールランプの光が暗闇の中そこかしこで瞬き、無数のエンジン音が協奏曲となって耳をつんざく。

「ああ、これぞベトナムだなあ」

と、僕は目を細めた。相変わらず右から左からバイクがやってくるから、道路を横断するだけでもスリリングだ。とはいえ、決して殺伐としているわけでもない。混沌《こんとん》としている一方で、アジアらしいゆるさも内包するところに旅人は心惹かれるのだ。

旧市街の夜市を冷やかし歩いていると、カットフルーツを売る屋台を見つけた。マンゴーやパパイヤといった南国ならではの果物が裸電球に照らされ、宝石のような彩りを添えているのだが、僕が気になったのは売られている果物の量だった。

多いのだ。その小さな屋台で売り切るにはあまりにも多い。しかもすでに皮が剝《む》かれ、食べ頃サイズになっている。あんなにたくさん切ってしまって大丈夫なのだろうか、と見ているこちらが余計なお世話を焼きたくなるほどだった。

さらにてくてく進んでいくと、今度は路上でバゲットを売っているおばさんが目についた。ベトナムのバゲットは美味しい。中に具材を挟んでサンドイッチにした「バインミー」は近頃は日本でも密かに人気で、僕も大好物である。

ここでも気になったのは、おばさんの目の前に積まれているバゲットの量だった。屋台ですらなく、路上に椅子を置いただけの店である。スペースぎりぎりまで目一杯陳列して、積みきれないぶんはビニール袋に入れてストックされている。

あんなにたくさん売れるのだろうか、とやはり僕は勝手に心配してしまうのだが、すぐにどうやらそれは杞憂《きゆう》だと悟った。

道を行ったり来たりするバイクの群れから一台、また一台とスッと抜け出てきて、そのおばさんの店へ停まっていく。そうしてバイクに乗ったままでバゲットを購入したと思ったら、そのまま走り去っていった。客はひっきりなしにやってくるから、おばさんも忙しそうである。僕が写真を撮っていたら邪魔だからどいてくれと怒られたほどだ。なんだなんだ、人気店ではないか。

中には、一人で十個も二十個も買って行く人もいた。こういうダイナミックな売り買いを見せつけられるたびに、異国から来た旅人のちっぽけな価値観は揺さぶられ、これまで常識だった考え方が覆されそうになるのだった。

やはり、ベトナムは突っ込みどころが豊富だ。一見すると無秩序なようだが、人々の行動自体に不自然さはない。むしろ彼らは生き生きとしており、羨ましさを覚えるほどだ。エネルギーに満ち溢《あふ》れた光景の中に我が身を置くと、活力を分けてもらった気になる。この勢いこそが、彼らの手強さの源なのだろうか。

一言でいえば、ベトナムの旅はおもしろい。

「ああ、旅しているなあ」

と、実感に浸れるだけの刺激がこの国にはある。

どうせ旅するならば、おもしろい国の方がいいに決まっている。

第二章　中部（ハノイ／フエ／ホイアン）

（7）縦断旅行のリピーター

予定調和な旅は飽きるから、たまに気まぐれで自分の行動パターンを変える。ハノイのノイバイ国際空港に到着し、市内へ出るのにタクシーではなく乗合バスを利用することにしたのは、心機一転してこの旅を始めたかったからだ。いつもと同じルートだとしても、移動手段が違うだけで旅模様は案外変化する。

案内板の表示に従いターミナルビルの外へ出ると、「6」と書かれた乗り場の前の道路を横断した先に、それと思《おぼ》しきバスが何台か停まっていた。ところが、行ってみると誰も人がいない。客引きはおろか、運転席ももぬけの殻である。

ハノイでは空港と市内とを結ぶ列車は走っておらず、ゆえに旅行者にとって選択肢はほぼタクシー一択という状況となっている。乗合バスなんて乗る人があまりいないのだろうか。ネットで調べても、めぼしい情報が見つからないのだ。

ノイバイ国際空港は、二〇一四年末に新しいターミナルがオープンしたばかりである。情報が乏しいのは、そのせいもあるのだろう。バスの乗り場がどこにあるのかを検索しても、旧ターミナル時代の情報ばかりヒットする。

空港が切り替わったのは、前回のハノイ滞在中の出来事でもあった。帰国便に乗るのに空港へ辿り着いたら、到着したときとはまったく違う真新しい建物でポカンとした。往路と復路で空港が違ったのは、長い旅人生でも初めてのことである。

あれから一年も経たないうちにまた戻ってくる形となった。ふたたび同じ空港が起点となったことで、旅が再開したかのような手応えを覚えるのだが、今回は同行者がいないという大きな違いがある。そう、一人旅なのである。

あえて乗合バスを選んだのは、一人だったことも大きい。前回はタクシーで移動したが、旧市街のホテルまでメーターで四十三万ドンもかかっていた。べらぼうに高いわけではないが、一人だとちょっともったいないと思える金額だ。

あれこれ調査した結果、「17」番付近から乗合バスが出ていることが分かった。行ってみると、「6」番で見たのと同じようなバスが一台停まっていて、いままさに発車するところだという。

運賃は五米ドルか、あるいは十万ドンとのこと。とっさにスマホのアプリで為替レートを計算すると、五米ドルは約十一万二千ドンだと判明した。ならば十万ドンで支払った方がちょっぴりお得である。いやはや、我ながらセコイなあ。

「どこまで行きますか？　ホテルの名前は？」

と客引きの男が訊くので、予約しているホテルの名前と住所を伝えた。

あれれ、個々のホテルまで送ってくれるのだろうか。ハノイ市内には確か、乗合バス専用のバス停があるはずだが——。

僕のその疑問は正しかったようで、乗合バスは旧市街を素通りして新市街へ入り、バス乗り場と思しき一画で停車したのだった。ほかの乗客がみな降りていくので、僕も後に続く。ところが、トランクから荷物をピックアップしようとしたら、運転手の男が慌ててやってきて車内へ戻るようにと促された。

「これからホテルまで送りますから」

むむむ、いったいどういうことなのだろうか。頭の中が「？」で埋め尽くされる。

運転手を問い詰めてみて、ようやく事情が飲み込めた。本来は新市街のバス乗り場までで、運賃は二ドルらしい。ただし、運賃を上乗せし、五ドル払った客に関しては指定の場所まで送ってくれる手はずになっているのだという。

むむむ、と再度唸《うな》った。なんだか釈然としないのだが、タクシーのおよそ四分の一の出費で済んだので結果オーライではある。それに、この突っ込みたくなる感じはいかにもベトナムらしくて、僕は懐かしい気持ちになった。

「ああ、またこの国を旅するのだなあ」

という感慨が湧いてきて、思わず頰《ほお》がゆるむのだった。

ホテルへチェックインを済ませ、部屋に荷物を置くと、とりあえず外出することにした。とくに目的はないが、お散歩指数の高いハノイである。なんとなくぶらぶらしているだけでも、心がウキウキしてくるところが僕好みだ。

交通量の多いハンガイ通りからリークオックスー通りへ入り、ハノイ大教会の前を左折してニャートー通りへ。落ち着いた雰囲気のカフェや雑貨屋が集まったこの一画はとくにお気に入りだ。なんとなく歩き始めたにもかかわらず、結局いつも同じようなコースを辿っているような気がする。

このバスでハノイ市内へ。チケットはなく、乗車時に直接支払う。

カメラを首にかけて、気が向いたらスナップを撮りながら歩を進める。

ハノイ大教会の前に人だかりができていて、なんだろうかと覗いてみると、新郎新婦の撮影会が開かれていた。新婦と思しき女性が身にまとう純白のウェディングドレスが、南国の陽射《ひざ》しに照らされ艶《あで》やかな光を放っているのが美しくて、便乗して僕も何枚か撮らせてもらった。この街は被写体の宝庫だなあとしみじみ思う。

入り組んだ迷路のような旧市街を歩き進んでいく。やがて視界がパッと開けた。緑豊かな木々が生《お》い茂《しげ》る先に広大な水面《みなも》が望める。ホアンキエム湖である。

ちょうど旧市街と新市街の狭間《はざま》に位置し、ハノイ市街のランドマーク的存在となっている。道に迷ったときの目印になるし、バイクの喧噪《けんそう》に疲れた旅行者にとっては、癒し系のスポットでもある。

湖をぐるりと囲むようにして並木道が整備され、ところどころベンチが設えられている。のんびりゆるゆると湖畔で一休みという、優雅な時間を過ごせる。この湖の存在も、僕がハノイを愛する理由の一つである。

地元の人たちにとっても憩いの場なのだろう。社交ダンスのレッスンをするおばちゃんたちや、囲碁のようなゲームに興じるおじさんたちのほか、水際で体を寄せ合い愛を語らう若者などなど、みな思い思いの世界に浸っている。水場のある公園が落ち着くのは万国共通のようだ。マッタリした空気がたまらなく愛《いと》おしい。

「どこかで見たことがある景色だよなあ」

実はホアンキエム湖へ来る度に、僕は既視感のようなものに襲われていた。どこだっけ……と考えるも分からず、いつもモヤモヤとしたまま旅を終えてしまうのだが、今回ついにその正体に思い至った。

都会にあるのにこれだけ大きな水場を持つ公園——井の頭公園である。

吉祥寺は個人的に思い入れの深い街だ。通っていた高校が近かったため、青春時代の多くの時間を過ごした。井の頭公園はほとんど庭のような感覚だった。

大人になってからは滅多に行く機会がなく、ホアンキエム湖よりも縁遠い存在になっているのだが、多感な年代の記憶は脳裏に焼きついているのだろう。フト思い出し、似ているなあと遠い目になった。いささか乱暴なのは承知で、ホアンキエム湖＝井の頭公園の池という説を唱えたい。

井の頭公園といえば忘れられないのが、「デートでボートに乗ると別れる」という謎のジンクスだ。池に棲《す》む女神が嫉妬するからだとかなんとか、当時まことしやかに語られていた。まあそれは取るに足らない都市伝説のような話なのだが、なんとホアンキエム湖にも神様がいるのだそうだ。しかもそれは亀の神様であり、創作や迷信ではなく、実際にいまも生息しているのだと聞いて、僕は水面を見る目が変わった。神様……いや、亀様が現れないか、キョロキョロ探してしまうのだった。

ハノイへは一泊だけして、翌日にはもう次の街へ移動するつもりでいた。といっても、どんな順番でどこへ立ち寄るかなどの細かいルートは未定だし、ホテルも最初のハノイ一泊以外は予約をしていない。

ベトナムを北から南へと縦断する——決定事項はこれだけだ。

自由旅行と言えば聞こえはいいけれど、要するにまあ、何も考えていないわけですな。ノープランなのはいつものことだったりする。あらかじめ決められた行程をなぞるのよりも、現場判断でその都度行き先を選ぶやり方の方

井の頭公園の池…ではなくホアンキエム湖にはその名も「亀の塔」が。

が性に合っている。

とはいえ、ベトナムは初見の国ではないから、なんとなくルートのイメージを抱いてはいた。ハノイからホーチミンへと向かう道中に、どんな都市があるのかもだいたい把握している。そもそも縦断自体が二度目なのである。まったくの初心者ではないがゆえに、いつも以上に無計画というか、油断しまくっているのだが、一方で、果たして本当に大丈夫なのか、いささか不安も募るのだった。

頼みの綱は今回もシン・ツーリストである。縦断するにあたっては、同社が運行している「オープンツアー・バス」を利用しようと考えていた。

これはどういうものかというと、高速バスの周遊チケットである。最終目的地へ辿り着くまでに、途中で複数の街へ立ち寄ることができる。購入時にルートを選択する必要はあるものの、乗り降りは自由で、日程変更も可能。ハノイからホーチミンを目指す今回のような縦断旅ではとくに使い勝手がいい。

ベトナムを旅するバックパッカーにはよく知られたバスであり、実は僕自身もかつてこの国を縦断した際に利用した過去がある。もう十年以上も前の話だが、いまでもこのオープンツアー・バスが健在であることを知り、またお世話になろうかなと思い立った、というわけだ。

今回もまたシン・ツーリストのオフィスへ足を運ぶことになった。入り組んだ旧市街の中に位置し、付近にはニセモノも多いのだが、前回のハノイ滞在時に散々訪れていたせいか、地図を見ずとも迷わず辿り着けた。

「オープンツアー・バスについて教えて欲しいのですが……」

僕がそう切り出すと、窓口にいた男性は手慣れた感じでペラ一枚を取り出した。バスの時刻表のようで、行き先や発着時間などが記されている。

個々の区間の情報とは別に、ハノイからホーチミンまでの経路についての記述もあった。それによると、ホーチミンまでのルートとしては選択肢は四種類あることが分かった。といっても、それらはシンプルな違いである。

ハノイ↓フエ↓ホイアン↓ニャチャン↓［　Ａ　］↓ホーチミン

四種類とも途中のニャチャンまではまったく同一のルートとなっている。分岐点となるのが［　Ａ　］のニャチャンとホーチミンの間の部分で、ここは四つのパターンから選べるのだという。すなわち、以下の四つである。

①ハノイ↓フエ↓ホイアン↓ニャチャン↓ホーチミン
②ハノイ↓フエ↓ホイアン↓ニャチャン↓［ダラット］↓ホーチミン
③ハノイ↓フエ↓ホイアン↓ニャチャン↓［ムイネー］↓ホーチミン
④ハノイ↓フエ↓ホイアン↓ニャチャン↓［ダラット］↓［ムイネー］↓ホーチミン

選択候補はダラットとムイネーの二都市である。欲張ってそれら両方へ行くのが④で、ニャチャンから途中立ち寄りなしでホーチミンへ直行するのが①といった具合。

これを見て、まず僕は消去法で①を却下した。①だと前回の縦断旅とまったく同じになってしまうからだ。当時は逆のホーチミン発ハノイ行きだったが、進行方向こそ異なるものの、立ち寄る街が全部同じとなると新鮮味に欠ける。

次にあきらめたのが④である。一都市でも多く行きたい気持ちはあるものの、全部入りのこのコースだと時間がかかりすぎる。以上の理由により、②のダラットか、③のムイネーのいずれかを選ぶのが上策に思えた。

さて、どちらにしようか。

両都市とも過去に訪れたことはないが、ザックリとした予備知識は持っている。

ダラットは高原の避暑地である。軽井沢のようなところだと聞いたことがある。何よりワインの産地として有名だ。ということは、きっと美食の旅になるだろう。

ムイネーは海沿いの街である。となると、恐らくビーチを楽しむ感じになるだろう。観光名所としては確か大きな砂丘があったはずだ。

迷った時には、街そのものの魅力で選ぶよりも、旅の目的を明確にした方が上手くいく気がする。実際にそこを旅する状況を思い描き、自分がどんな行動を取るか頭の中でシミュレートしていく。すると、自《おの》ずと最適解が絞られてくる。

ワインか、あるいはビーチか——。

ダラットかムイネーかという選択は、要するにこの二択になるのだった。

そしてこの二択ならば、僕はどちらかといえばワインを選ぶ。綺麗な海も気になるけれど、美味しい食べ物の方がもっと魅力的だ。花より団子、である。食いしん坊な旅人なのだ。一人旅だとビーチの楽しみも半減してしまうしね。

つまり、先ほどの四つから選ぶと②のコースになる。料金は八十万五千ドンだった。相変わらず数字の桁が多くて分かりにくいのだが、約四千円といったところ。計五都市を周遊できるチケットとしては手頃な値段だ。

オープンツアー・バスはその名の通りオープン発券が可能なのだが、全行程の座席をここで予約していくことにした。直前予約だと満席で乗れないこともあるようだし、予約するのにいちいちオフィスへ足を運ぶのも面倒くさい。それに、万が一途中で都合が悪くなっても日程を変更すればいいだけだ。

いったんオフィスを出て、近くの行きつけのカフェでスケジュールを練ることにした。どの街に何泊するか、バスに昼行便と夜行便がある区間ではどちらを選ぶべきか、などを検討したい。帰りのフライトは動かせないので、カレンダーと睨《にら》めっこしながら逆算する形で日程を埋めていく。

すると、案外時間がないことに気がついた。結構タイトというか、実はかなりぎりぎりの日程なのだ。改めて予定を組み立ててみると、どうやら一都市につきほぼ一泊、という感じになりそうで、いまさらながら冷や汗が出てくる。

まあでも、考えたらそれもいつものことだ。これまでも日帰りで海外旅行をしたり、わずか十日間で世界一周したりもしている。忙《せわ》しない旅には慣れているのだ。短い旅には短い旅なりの醍醐味《だいごみ》もある。期間が限られるからこそ密度の濃い旅になる。途中で気を緩めずに、一気に駆け抜けていければと願う。

十年以上もの時を経て再び乗り込むことになったオープンツアー・バスは、当時と比べ目に見えて進化していた。車体自体が新しいのは当然として、さらにはそのつくりがだいぶゴージャスになっていることに僕は驚かされた。

ハノイを出発するのが夜七時で、翌朝九時半に目的地であるフエへ着く。つまりは夜行便なのだが、座席はなんとゴロンと横になれる寝台タイプだった。

逆ルートながら、前回縦断したときもこの区間は同社の夜行便に乗っていた。そのときのメモを読み返すと、「ふたりで四席確保に成功」と書いてある。ベトナムでは寝台バスに乗ったことはないから、要するに普通の座席だったのだろう。

ところが、寝台タイプへグレードアップしていたわけだ。実際に乗ることを考えると、寝台か否かの差は大きい。本当にめちゃくちゃ大きい。体を横にできるだけでもう世界が変わる、などと言っても大げさではないほどだ。

一方で、ゴージャスになったとはいえ、やはりベトナムのバスである。突っ込みどころも盛りだくさんだったことは記しておきたい。

たとえば、「フリーWi-Fi」とバスの車体にデカデカと書いてあった。おお、高速バスにまでWi-Fiが入っているのかと感激して、接続しようとしたらネットにはまったく繋がらなかった。

当然のようにエアコンは完備であるが、僕にはちょっと寒すぎだった。送風口が各座席にあるので、風が出ないように閉じてみたら今度は暑すぎる、といった具合。温度調整までは個別にできないので、寒いか暑いの二択になってしまう。

車内に青と赤というなぜか妙にけばけばしい色のネオンライトが灯《とも》っていたのも気になった。まるで夜の盛り場のような怪しげなムードで寝るに寝られないのだが、これは走り始めて少し経ってから消灯していた。

途中ニンビンの辺りまで南下してきたところでバスはドライブインのようなところに停まり、小休止となった。出発は三十分後だという。

「ずいぶんと長い休憩だなあ」

と訝ったが、どうやら運転手さんはここで夕食タイムらしい。

僕は乗車前に夕食は済ませていたから、トイレにだけ行ったらもうすることがなくなった。ほかの乗客たちもみんな同じような状況なのか、誰もご飯は食べておらず、暇そうに付近をウロウロしているのがなんとも滑稽だ。

休憩が終わり再び出発する。計十四時間半という長距離移動である。飛行機や列車などには普段から乗り慣れているが、高速バスは久々で目が冴《さ》えて眠れない。

寝台は各列三席配置と比較的余裕のあるレイアウトとなっていた。両サイドの窓際に一席ずつ、通路を挟んで中央に一席といった具合。さらに席は二段ベッドのようになっており、上段、下段に分けられていた。背もたれ部分がいちおうはリクライニングするのだが、上下の空間が狭いため、完全に起こして着席する形にはできない。

僕の座席番号は「3」で、窓側の下段、しかも最前列だった。悪くない席である。というより、当たり席と言っていいかもしれない。

窓側の方が片一方にしか他人がいないので、よりプライバシーが保てる。下段なので真横の通路にカバンなどを置くこともできる。最前列だから出口に近く休憩時に降りるのも楽チンだ。前方の景色がよく見えそうなところ

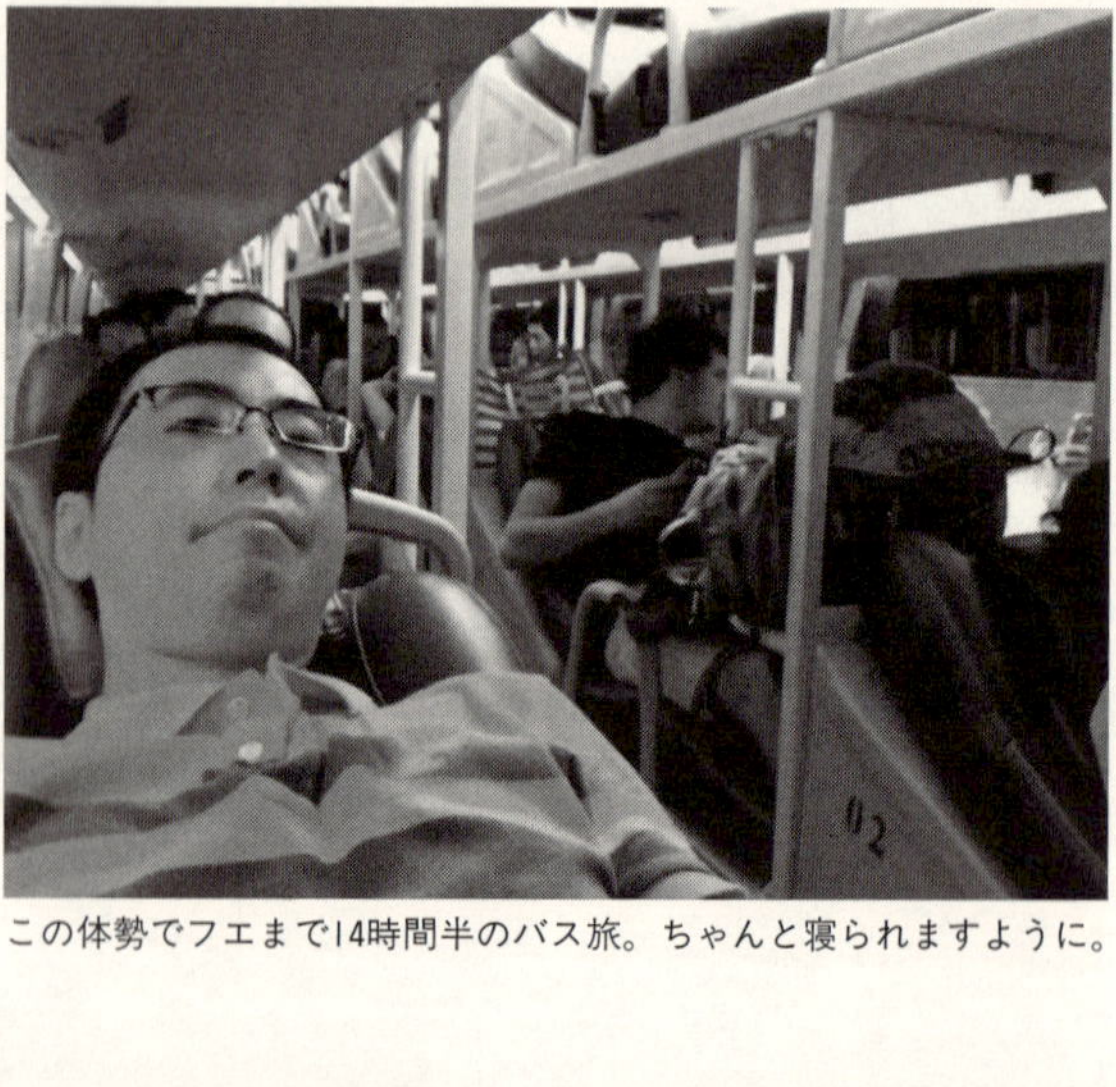

この体勢でフエまで14時間半のバス旅。ちゃんと寝られますように。

もうれしい。

とはいえ、夜行便であるため、車窓の景色はあまり望めないのは残念だった。それでいて出発時刻が七時と、寝るにはまだ結構早い時間帯である。

薄暗い車内ではあちこちで液晶画面がチカチカと瞬いていた。起きている人も多いようで、手持ち無沙汰なのか、みなスマホをいじっているのだ。これもまた前回の縦断旅との大きな違いと言えるかもしれない。

（8）フレンドリーとは書いたけれど

意外なことに、バスはほぼ時間通りに目的地へ到着した。ハノイから半日以上もかけて南下し、辿り着いたのはフエである。

車窓から差し込む朝陽《あさひ》が目に眩《まぶ》しい。木々が生い茂った小径《こみち》を、二ケツ状態のバイクが通り過ぎていくのが見えた。人口密度は薄く、建物と建物の間隔にも余裕がある。まだ朝早いせいもあるのだろうが、大都会ハノイからやってきたせいか、街の静けさが妙に気になった。

「ああ、田舎へ来たのだなあ」というのが街の第一印象だ。

ここはかつて阮朝《グエンちょう》の時代には都があった場所だ。いわばベトナムの古都なのだが、バスが着いたのは新市街の方らしく、歴史の面影は感じられない。

街を東西に横断しているフォーン川という大きな河川を境にして、フエの街は新市街と旧市街に分かれている。かつての王宮などの観光名所は旧市街にある一方で、ホテルやレストランなどは新市街に集まっているようだ。

バスが停車したのは、シン・ツーリストのオフィスの目の前だった。荷物をまとめ外へ出ると、途端に何人もの男たちに囲まれた。客引きである。きっと、この時間にここにバスが着くことは知れ渡っているのだろう。オープンツアー・バスを利用するような旅行者は個人旅行者ばかりだから、彼らの格好のターゲットである。

「ああ、この感じ、懐かしいなあ」

と、僕は独りごちた。個人的にはこれぞお馴染みの光景と言えた。前回の縦断旅でも、行く先々で客引きが立ちはだかったのだ。

この手の客引きはキッパリ無視する、という旅行者も多いようだが、若い頃の僕はよく彼らに付いていった。ホテルを斡旋《あっせん》してもらったり、ガイドを頼んだり。あまりに押しが強いタイプだと鬱陶しいが、初めての街で着いたばかりでワケも分からない旅行者としては、基本的には頼りになる存在だった。

とはいえ、それもあの当時だったからと言

無事フエに到着。こうして改めて見ると、立派なバスだったなあ。

えそうだ。いまではホテルはネット予約が当たり前となり、旅行中であってもその日の宿を手元のスマホで探せるようになった。わざわざ客引きに連れられずとも、地図で現在地は分かるし、困ったことがあればその都度ネットで検索して調べた方が早い。

残念ながら今回は客引きの皆さんには用はないのだ。バスのまわりで突如始まった客引き合戦から僕はそそくさと離脱した。長時間移動を終えたところだから、頭がまだボーッとしているのだけれど、この場にいつまでもいたら、彼らにカモ認定され、しつこく付きまとわれそうだし。

ところが、そう簡単には見逃してくれなかった。群から離れていく僕の後を、一台のバイクが追いかけてきたのだ。

「ホテルは決まっていますか？」

小太りの中年オヤジがニコニコとしている。

「決まっていますよ」

僕はつっけんどんに答えた。悪い男には見えないが、あいにくこちらには頼みたい用件はない。続いて、どこのホテルかと訊かれたので、正直にホテル名を教えると、中年オヤジは渋い顔を浮かべ、どこかへ走り去った。

こうなることを見越して、シン・ツーリストのオフィスから徒歩圏内のホテルに予約を入れていた。そう、ここからホテルまではとても近いのだ。その中年オヤジもバイクでの送迎を買って出て、ひと商売する魂胆だったに違いないが、その必要もない距離だと分かり、あきらめてくれたのだろう。

クルマが一台通るのがやっとの細い路地へ入り、スマホで地図を確認しながら歩いて行く。路面の舗装状態が悪くガタガタなので、キャスター付きカバンを転がすガラガラ音が一際大きく鳴り響く。

歩き始めてすぐに、小さな食堂の前を通りかかった。店の外にまでテーブルが置かれ、朝早い時間だというのに客の入りも悪くない。店の女主人が軒先で調理をしていたのでちらりと覗く。なるほど、麺料理の店のようだ。

テーブルの上のお碗からゆらゆらと湯気が立ち上る様を目にして、ぐうとお腹が鳴った。そうだ、まだ朝ご飯を食べていないのだ。

大きな荷物を持ってやってきた外国人——僕のことだけれど——がフト立ち止まり、物欲しげな顔を浮かべていることに気がついたのか、女主人が食べていきませんかと目で合図をしてきた。こういうときはお互い言葉を発せずとも意思疎通ができるもので、結局僕は誘われるようにしてその食堂へ入店していたのだった。

「何にしますか？」

言葉は分からないが恐らく注文はどうするか、みたいなことを訊かれ、僕は押し黙った。メニューなんてなさそうだし、仮にあったとしてもベトナム語は読めない。

「フォーガー、ありますか？」

仕方ないので、無難な料理名を口にしてみる。フォーはベトナム麺の定番で、ガーは鶏肉であることぐらいは知っている。ところが、女主人は首を振った。みんなが食べているあの麺は遠目で見ると白っぽい色をしていた。それゆえ、フォーなのかなと漠然と思ったのだが、どうやらこの店にはフォーはないようだ。

「そしたら、あれと同じのを。そう、あそこの人が食べているやつ」

かくなるうえは、他人が食べているものを真似《まね》するしかない。指差しながら訴えると、こちらの意図を把握したのか、女主人は頷いて厨房へと戻っていった。通りすがりの旅人としては、美味しいものが食べられればなんでもいい。

それから五分もしないうちに、お碗が運ばれてきた。

えっ、もうできたの？　と、いきなりいい意味で意表をつかれる。

こういうアジアの大衆食堂のいいところは、安くてウマいだけでなく、早い点だ。僕のようなせっかちな人間は、料理が出てくるまでにやたらと待たされるような店は大の苦手で、早く出てくるだけでもう高得点をあげたくなる。

出された料理をパッと見て、おやっと唸った。スープが赤味を帯びており、辛そうなビジュアルをしている。口にしてみると、予想通りスパイシーだ。ベトナム料理は東南アジアの周辺諸国と比べると、辛さ控えめな印象でいたから、またしても意表をつかれる格好となった。やはり、いい意味で、だ。僕は辛いものが大好物なのだ。

麺はビーフンのような米麺ながら、平麺タイプのフォーとは異なり、普通の丸い形状をしている。コシはなくぼそぼそしており、どちらかといえば素麺に近い。

なるほど、これはブンである。ベトナムのとくに北部では、麺といえばフォーよりもこのブンの方が主流だ。ハノイでは頻繁にお目にかかるし、たとえば名物料理の「ブンチャー」というベトナム式つけ麺などもブンを食べる料理だ。南下してフエまで来たわけだが、まだこの辺りはブンの文化圏なのかもしれない。

実はこの後、フエの街のあちこちでこれと同じ種類の麺を出す店を目にした。そうしてこれが、その名も「ブンボーフエ」という麺料理なのだと分かった。料理名に地名が冠されているだけあって、れっきとしたフエのご当地麺である。

たまたま入った食堂で、その地の代表料理に出くわしたわけだ。まったくの偶然ながら、着いて早々にラッキーな展開と言えた。

その食堂のブンボーフエは、具として牛肉や団子状の魚のつみれが添えられていた。お碗とは別皿でパクチーなどの香草類が出てくる点はフォーと同様で、それらを好きなだけわしゃわしゃ入れられるのが、たまらなくうれしい。

いやはや、満足満足。満腹満腹。

ちなみにお代は三万ドンだった。約百五十円である。まだ一軒目なのでなんとも言えないが、ハノイの物価と比べてもさらに安くなったなあと実感する。

朝食を済ませたその足でホテルへ向かった。到着早々に美味しいものを食べられたせいか、気分はウキウキで足取りは軽い。

ホテルはネットで予約していたが、そういえば宿泊費も安かったのだ。税金やサービス料などすべて込みで十四ドル。ゲストハウスのようなところではなく、ちゃんとしたホテルの宿泊費にしては、えっと驚く安値だ。

「まあでも、この値段なら寝るだけって感じかもなあ」

ブンボーフエは辛口で美味しい。到着して一食目に偶然ご当地グルメというラッキー。

と、過度な期待はせずにやってきたのだが——結果的には悪くないホテルだった。いや、むしろ当たりだったと言っていい。

従業員が満面の笑みで出迎えてくれ、第一印象からして良かった。すぐにウェルカムドリンクまで出てきた。なんだか妙に人懐っこく、熱烈大歓迎といった雰囲気なので、こちらが恐縮してしまったほどである。

「ツインのお部屋ならすぐにご案内できますが……？」

と訊かれた。予約していたワンベッドの部屋はまだ清掃が終わっていないのだという。とくにこだわりはないので、部屋の変更に同意する。

というより、まだ午前中だし、部屋に入れるだけでもありがたい。とりあえず荷物でも預かってもらおうかなと思っていたぐらいなのだ。これまたラッキーである。

「チェックインは午後二時からなので……」

などと杓子《しゃくし》定規なことを言われない、このゆるさに旅人は救われるのだった。

その後もこのホテルでは、従業員が色々と親切にしてくれたのが印象深い。ゲストを気遣う気持ちを忘れず、プライドを持って仕事をしている様がこちらに伝わってくる。部屋自体はつくりが古く、決して豪華とは言えないものの、スタッフのホスピタリティに関しては一流ホテル顔負けのレベルだと僕は感じた。

せっかくなのでホテル名を書いておくと、「Than Thien-Friendly Hotel」という。その名に偽りのない、フレンドリーなホテルであった。

部屋に荷物を広げ、簡単に身支度を整えたらホテルを出発した。

夜行バスでの移動を終えたばかりだが、ゆっくりしているわけにはいかなかった。フエには一泊だけで、翌朝にはまたバスに乗って次の街へ向かう。観光するなら今日しかないのだ。予想したように、いつも通りの忙しない旅になってきた。

まず目指したのは王宮である。世界遺産に登録されている旧市街の中でも、最大の見どころと言っていいだろう。最初に一番の大物から攻めるのは我が旅のセオリーだ。

地図で確認すると少し距離はありそうだが、街の散策がてら、てくてく歩くことにした。てくてくてく……、てくてくてく……。

「ハローミスター！」

突然声をかけられ、ハッとした。振り返るとバイクに乗った男がニコニコしていた。レンズ面積が広めの、レイバン似のサングラスが怪しさを醸し出している。

「また会いましたね」

と言われ、はて誰だっけ？　と僕は眉根を寄せる。それを見て、男はかけていたサングラスを外した。あっ、あのときの――僕はようやく思い出す。

バスが到着したときに、シン・ツーリストのオフィス前にいた客引きの一人だ。立ち去ろうとした僕を追いかけてきたバイクの男。ホテルは決まっているのか、どこに泊まるのか、などなど、根掘り葉掘り訊かれたのだ。

「どこへ行くんですか？　観光するならバイクで案内しますよ」

再会するなり、またしても営業トークが始まった。

こうして偶然また出会ったのも何かの縁、と前向きに捉えるのも手だろう。若い頃の僕ならば、むしろ積極的に意気投合したかもしれない。

「うーん……」

しばし逡巡する。腑に落ちないのも正直なところだった。

本当に偶然なのか。実はこっそり僕の後をつけていたのではないか。猜疑心が芽生え、ついつい警戒してしまう。

歳を重ね、旅を続ける中で、色々と痛い目にも遭ってきた。いつまでも無邪気な旅人ではいられない。知らない人から声をかけられたら、まずは疑ってかかる。それは良くも悪くも、旅をするうえで必要な処世術の一つでもある。

僕の煮え切らない対応を「脈アリ」と判断したのかもしれない。男はどこからかノートを取り出し、これを見るようにと促した。まさか、と思ったらそのまさかだった。各国の旅行者の寄せ書きである。この男がいかにいいヤツか、この男のガイドがどれだけ有益か、みたいな内容が延々と綴られている。

要するに、「自分は怪しい者ではない」と証明するための営業ツールである。

なるほどまあ、旅先ではありがちな展開の一つだ。決して珍しいものではないというか、僕自身も過去に頼まれてこういうノートに感想を書いた経験がある。

見ると英語だけでなく、日本語での記述も多い。

「これは日本人のフレンド。この前メールも来たんだ」

男はそう言ってどこか誇らしげな表情を浮かべる。

ふむふむ、へえ、ほほおと僕が相づちを打っていると、男はここが攻めどころと判断したのか、地図を出してきてツアー内容の説明を始めた。

「ここは郊外にあって遠いから歩いてはいけないです。でも、バイクならすぐ。ついでに近くの村にも案内しますよ。疲れたらお茶を飲んでリラックスして……」

たたみかけるような営業トークが続く。どうやら僕のことを本気で口説き落としに来ているようだった。

どうしようか……。困ったことになった。断る口実がすぐに思い浮かばないし、いまさらノーとは言いにくい雰囲気だ。

僕は心が動かされつつもあった。フエは結構広い街らしく、名所旧跡はあちこちに点在している。王宮だけならともかく、色々と見て回るなら男のバイクで連れて行ってもらうのも案外悪くない選択肢なのだ。

これほど熱心な勧誘を受けたのも久しぶりで、実はちょっぴり嬉しかったりもした。男の術中にまんまとハマっている自分がおかしい。

「料金はいくら？　一日回ってもらうとして……」

遂《つい》にはそんな質問を口走っていた。これを訊いた時点でもう落城寸前である。

「金額は、あなたにまかせますよ。ほかの人はたとえば……ああ、そうそう先日案内した日本人はこれだけ払ってくれましたね」

そう言って男はノートをぱらぱらめくり、日本語で書かれたページを開いた。そこには同じようなツアーで、料金が三十五万ドンだったと書かれていた。安くはないが、丸一日案内してもらってその値段なら不当に高すぎるわけでもない。

僕はとうとう意を決したのだった。

「オーケー。そうしたらお願いしようかな」

それを聞いて、男は破顔した。勝利の笑み、だろうか。向こうからしてみれば見事に客が釣れたわけだから、してやったりであることには違いない。

それにしても客引きに付いていくなんて、最近の自分にしては珍しいパターンである。もちろんまだ百パーセントは信用していない。胡散臭《うさんくさ》いなあと思う気持ちもあるのだけれど、その胡散臭さをおもしろがってみるのもまた一興、ということで。


男から受け取ったヘルメットを被り、バイクの後部座席に跨《また》がった。北部のハノイではまだやわらかだった陽射しも、フエに来てからだいぶ強くなった感じがする。一日バイクに乗っていたら、きっと日焼けするだろうなあ。

走り始めてすぐに自己紹介タイムとなった。

「名前は？　年齢は？　どこの出身？」

など基本情報をお互いにやりとりする。

男がチュンと名乗ったので、僕はハッとなった。親しい旅仲間にまったく同じ名前の日本人がいるのだ。急に親近感が湧いてくる。英語で書くと、「TROUNG」というスペルになるらしい。日本の友だちはチュンくんと「くん付け」で呼んでいるのだが、男は四十三歳と僕よりも歳上なのでチュンさんと「さん付け」にしておく。

最初に気になったのは、乗っているバイクが妙に綺麗なことだった。

「このバイク、新しいよね？」

「この前買ったばかりなんですよ。値段？　すごく高かったですよ。千七百ドル。でも前を走ってるあのバイクはもっと高い。あれは二千二百ドル」

僕が疑問をぶつけると、チュンさんはよくぞ訊いてくれたとばかりに饒舌《じょうぜつ》になった。ベトナム人にとって、オートバイは生活になくてはならない存在であり、いかにいいバイクに乗れるかがある種のヒエラルキーにもなっているのだろう。

「これはホンダ、あっちはヤマハね。日本のバイクは素晴らしいです」

チュンさんは最後にそう付け加えるのも忘れなかった。僕が日本人だからおべっかで言っているのだろうが、日本製品を褒められて嫌な気はしない。

最初にやってきたのは王宮だった。というより、僕がまずは王宮へ行ってくれるようチュンさんにお願いした。フエのランドマーク的存在であり、この街の観光スポットとしては最大のハイライトと言っていい。一番の大物から攻める——観光するうえでの我がポリシーでもある。

ただ、実は王宮を訪れるにあたっては懸念事項もあった。持参していた『地球の歩き方　ベトナム２０１５〜２０１６』に、次のように書かれていたのだ。

――観光の目玉となる阮朝王宮の王宮門。二〇一五年三月現在、大規模な修復工事中で美しい全体像を見ることはできない。工事は二〇一五年中に終了予定

さらには掲載されている写真も工事中のもので、建物のところどころに幌《ほろ》のようなものがかけられており、取材者のガッカリ感が読み手にも伝わってくる。

むむむ、と僕は唸った。建物系の観光名所へ工事中に訪れるのは虚《むな》しい。そういえば過去の旅でも何度か失敗しているのだ。それもカンボジアのアンコールワットや、ミラノのドゥオーモといった超が付くほどの大物だったから、落胆は大きかった。

ちなみにいまは二〇一五年十一月である。三月の時点で工事中だったわけだから、まだ終わっていない可能性も高いが……。

恐る恐る行ってみたら――なんと工事はほぼ完了していた。

セーフである。ああ、良かった。

細部をよく見ると、ところどころ工事の名残《なごり》も見られるのだが、全体像としては王宮門の美しい姿を拝むことができた。午前中でまだ時間帯が早いせいか、観光客が少なくて写真を撮り放題なのが嬉しい。

「なんだかずいぶん綺麗になったような……」

チュンさんのバイクではないが、僕には王宮門が妙にピカピカに見えた。十数年前に来たときには、もっと遺跡のような朽ちた建物だった気がする。たとえば、屋根瓦はあんなにしっかりした緑色ではなかった。僕の記憶の中の王宮門は、目の前の建物よりも色が褪《あ》せていたのだ。なるほど、修復工事をしただけのことはある。

初見のスポットではないがゆえに、前回の思い出とつい比較してしまう。

まあでも、これもまた旅の醍醐味と言えるかもしれない。旅人の記憶というものは、時の経過と共にどんどん更新されていく。

チュンさんと落ち合う場所や時間を打ち合わせし、僕は一人で見て歩いた。のんびりペースで行きたいところへ行きつつ、休みたいときには休む。

プライベートツアーではあるものの、チュンさんは各観光名所の入口まで送ってくれるだけで、内部までは一緒に付いては来なかった。ガイドとして色々と説明をしてくれるわけでもないらしい。恐らく、正式なガイドのライセンスなど持っていないのだろう。あくまでも運転手にすぎない、というわけだ。

王宮は建物こそ綺麗にリニューアルしているものの、ところどころでアラが目立った。たとえば、外灯が壊れていたり。こういうツメの甘さがベトナムっぽくて僕はむしろ好感が持てるのだが……。

それにしても、暑い。あづい、と濁点混じりに書きたいほど、暴力的に暑い。

東京はちょうど紅葉も終わろうかという時期で、本格的な冬の到来へ向けて日に日に寒さが増していた。なんだか夏に逆戻りした気分だ。寒いよりは暑い方が断然いいので、フエのこの暑さはありがたいのだが、あまりに度が過ぎると体力的にはきつい。

アイスクリームでも買って、少し涼んでいこうかと思い立った。といっても王宮内だから気の利いたカフェなどはなく、選択肢は地味な売店ぐらいしかなかった。

この際、贅沢《ぜいたく》も言っていられない。そこらの雑貨屋などでも見かける、普通のパッケージ入りアイスを購入したら三万ドンもした。

修復工事を終えたばかりの王宮門をパチリ。午前中は順光で撮れる。

ずいぶんとお高めだが、まあこれはいわゆる場所代というやつなのだろうなあ。

ちなみに王宮の入場料は十五万ドンである。ベトナムの物価からすればそこそこいい値段ではあるものの、適正なのかどうかを判断するのは難しい。

実は少し前に中国へ行って来たのだが、観光地の入場料がべらぼうに高くてひっくり返りそうになったのを思い出した。たとえば、かの有名な「九寨溝《きゅうさいこう》」で六千円弱である。某テーマパーク並みの金額には文句の一つも言いたくなったというか、一つの観光地の入場料としてはちょっと高すぎる印象を受けたのが正直なところだ。

中国でそんなことがあったばかりだから、十五万ドンぐらいなら別に大した金額にも思えなかった。ただし一方で、金額とは別に、ベトナムらしい突っ込みどころも用意されていたので、そのことは書いておきたい。

王宮の敷地から少し離れた場所に、「宮廷骨董博物館」という施設があって、王宮の入場チケットを見せれば無料で入れるというので、ついでに見学してみた。阮朝時代の衣装や日用品が展示されており、なかなか興味深い内容なのだが、ここを訪れるならば注意点があるのだ。

博物館の入口付近には切符売場があって、ここでもチケットが購入できる。料金は十五万ドンとなっているので、金額だけ比較すると王宮入口の切符売場と変わらないように思えるのだが、これは実はトラップである。

博物館で購入した切符で観られるのは博物館のみで、王宮へは入れないのだ。王宮で購入した切符ならば博物館も入れるのに。しかも、同じ十五万ドンなのに。

いったいどういうことなのか、最初は僕も意味が分からなかった。なんじゃそりゃ、である。博物館単体の入場料ということであれば、せめて料金を下げればいいのに、あえて同額になっているところに悪意を感じる。やはりベトナムは色々と手強い。

王宮を出た後は、ティエンムー寺へ向かった。ここからは街の郊外となるため、バイクが威力を発揮する。フエは徒歩だけで観光するのは厳しいなあと感じた。

「お祈りをするといいですよ」

チュンさんが手を合わせるジェスチャーをしながら、そう教えてくれた。階段を上った高台に仏塔のようなものが立っている。お参りスポットというわけか。

境内は外国人旅行者で賑《にぎ》わっていた。聞こえてくる彼らの会話から察するに、ほとんどがフランス人旅行者のようだった。ベトナムは旧宗主国がフランスであるせいか、東南アジアのほかの国々よりもフランス人を見かける機会が多い。

僕は数日前にパリで発生した、同時多発テロのニュースが気になっていた。ネットの報道を見る限りでは、かなり大規模なテロだったようだ。ところが、ベトナムで目にしたフランス人旅行者からは特別に悲愴感のようなものは感じられない。

「お国の一大事とはいえ、みんな普通に海外旅行を楽しんでいるのだなあ」

僕は漠然とそんなことをつぶやく。さらには不謹慎なのを承知で言えば、僕には彼らがいささか頼もしくも思えた。

近年は世界情勢がますます混沌とし、物騒な事件も頻発するようになった。そのせいで、「危ないから」という理由で、海外旅行を控える人が増えているのだとも聞く。気持ちは分からないでもないが、旅そのものが下火になってしまうのは、旅を愛する者としてはものすごく寂しいのだ。

それにしても暑い一日だった。繰り返しになるが、本当にあづい。

「ちょっと飲み物を買ってくるね」

寺の観光を終えてバイクに戻り、僕が近くの売店へ向かおうとすると、チュンさんにチョット待ってと引き留められた。

「あの売店は高いです。私がいい店に案内しますので」

そう言って道路から外れ、木立の中へとズンズン歩いて行く。寺のすぐ目の前に大きな川が流れているのだが、その川のほとりに若者たちがたむろしている一画があり、どうやらそこが茶屋のようだった。

といっても店構えらしきものは何もなく、ベトナムではお馴染みの、高さの低いプラスティック製の椅子が地面に直《じか》に置かれているだけだ。店主のおばちゃんがクーラーボックスから氷を入れ、ヤカンからお茶を注ぐ。ライムを搾って、さらには梅干しのような果実を加えて完成。これで一杯二万ドンだという。

先客の若者たちはダナンからバイクで来ているのだと、チュンさんが通訳してくれる。男二人、女二人なのでダブルデートなのかもしれない。ダナンからフエまでは結構近く、バイクでも日帰りの距離なのだという。

地元の人たちに混じってローカルなお茶で人心地つく。売店で割高なコーラを買うよりも有意義な時間を過ごすことができたのは、チュンさんのお陰だ。最初のうちこそ警戒していたものの、いざ案内をしてもらうとなかなか気が利く男だと感じた。

たとえば、ヘルメットを被るときにはいちいち留め具をチェックしてくれるし、出発するときは必ず「オーケー？」と訊いてくれる。極端にスピードを出すなどの無茶はせず、ベトナム人にしては安全運転なのも好感が持てる。買ったばかりの新車だから、慎重に運転しているのが真相なのかもしれないが。

一方で、おやっと首を捻《ひね》る場面もしばしばあった。

土産物屋へ連れ込まれ、危うく「コウボク」を買わされそうになったのは、この手のツアーではありがちなエピソードと言えるかもしれない。僕が日本人だと分かると、お店の人は日本語でセールストークをしてきた。コウボクとは、つまり香木のことで、なかば強引に匂いを嗅がされて、それを買ってくれと迫られた。値札をちらりと見ると、二十万とか二十五万といった数字が書かれていて、これが結構高級品である。

興味はないし、まったくそそられないから、僕は当然お断りした。さあもう行こうとチュンさんを促し、店を後にする。

土産物屋での商談中、彼は隅っこで素知らぬふりをして押し黙っていた。しかし、似たような店が立ち並ぶ中ピンポイントでバイクを横付けしたぐらいだから、きっと個人的に懇意にしている店なのだろう。僕がコウボクを買えば、チュンさんにも幾ばくかのバックが入る段取りなのだと推測する。

ティエンムー寺からの眺めは格別で、眼下のフォーン川の雄大さにしばし時を忘れる。

チュンさんとは、良くも悪くもその場限りの関係である。打ち解けるにつれて、彼が少しずつ本性を現し始めたのも、ある意味予想していた展開ではあった。

異変に最初に気がついたのは、続いて訪れたトゥドゥック帝陵でのことだった。阮朝の最も在位期間が長かった皇帝にまつわる史跡を観て、待たせていたチュンさんのところへ戻ると、なんと彼はハンモックに揺られ船を漕いでいた。

「仕事中なのに……」

と内心思ったが、この暑さだから木陰で昼寝したい気持ちも分かる。なんだか起こすのも悪い気がして、近くの椅子に腰掛け、自発的に目を覚ますのを待つことにしたら、これがなかなか起きてこない。

十五分ぐらいは待っただろうか。仕方ないので、体を揺すって起こしてみた。目を覚ましたチュンさんは一瞬ハッとした表情を浮かべたが、すぐに何もなかったかのごとくバイクへと先導し始める。そうして、ここでなぜか改まった口調で言った。

「一つ、提案があるのですが……」

はて、なんだろうかと僕は身構える。

「カイディン帝陵へ行くのはやめにして、このまま日本橋へ向かいませんか？」

要するにこの後の観光プランを変更しないか、というのが彼の提案だった。理由を問い質《ただ》すと、チュンさんは悪びれずに次の台詞を口にした。

「あそこは木陰がないんですよ。だから、とても暑い……」

ふむふむ、つまり暑いから行きたくないと……なるほど。

僕は呆れてしまった。そして次の瞬間には、おかしさが込み上げてきた。日本人の価値観で考えれば、ずいぶんといい加減なガイドである。契約内容を履行しないわけで、日本人ならずとも憤りを覚える人は少なくないだろう。

でも、僕にはそんな彼が憎めなかった。この日の暑さには、僕自身も参っていた。地元民のチュンさんでさえ音を上げるぐらいだから、やはり相当に暑いのだ。なにもこんな猛暑の中で、熱心に史跡なんかを見て回らずとも良いではないか、という主張には頷けるものがある。そして、それを口に出す正直さに僕は心を打たれた。

「そうしたらカイディン帝陵はパスしよう」

結局、彼の提案に同意し、予定を変更して日本橋へと向かうことにしたのだった。

ベトナムで日本橋といえば、ホイアンを思い浮かべる人が少なくないだろう。ところが、ここフエにもまた「ジャパニーズ・ブリッジ」と呼ばれる橋があるのだと聞いていた。王宮以外では、フエで最も観たいスポットでもあった。

バイクはのどかな水田風景の中を走り続けた。日本橋の正式名称は、ゴイ・タントアン橋という。農村地帯にひっそりと佇《たたず》む橋は、知る人ぞ知る名所という感じで観光客の姿はまったく見かけない。途中の道にも案内板のようなものはなく、連れて行ってもらわないと辿り着けないような場所にある。

架けられたのは一七七六年というから、かなり年代物の橋である。木造の橋は中央部が盛り上がったアーチ状をしており、見るからに古めかしくて絵になる。

内部へ足を踏み入れると、橋の両端に設置された長椅子で人々が寛いでいた。ごろんと横になって眠りこけている者もいる。そんな中を小さな子どもたちがドタバタ走り回っていたりして、なんというかとても牧歌的だ。

僕がパシャパシャと橋の写真を撮っているうちに、いつの間にかチュンさんは近くの茶屋で寛いでいた。なんでも知り合いの店らしく、タダだから遠慮なく飲んでいってくれ、と急須からお茶を注いでくれた。珍しくホットのお茶で、これが暑い陽射しを避けた木陰で飲むと妙に美味しく感じられる。

「この辺に住む人たちはみんな貧しくて、家がない人も多い。うちも元々は農家なんですよ。でも、あまり仕事もないから、しばらくマレーシアへ出稼ぎに行っていました。ジョホールバルって街なんですけど……ああそう、行ったことがあるんですね。そこに一年ぐらいいて、でもそんなに稼げなくて、奥さんから帰ってこいって連絡がきて、フエに戻ってきたんです」

訊いてもいないのに、チュンさんは自分の身の上話を語り始めた。お茶をお代わりしつつマッタリしながら、なんとなくなりゆきで彼の話に耳を傾ける。

娘が三人もいて、しかも一番上の子はもう十三歳なのだとか、韓国へ出稼ぎに行った友だちが自分よりも稼いでいて羨ましいとか、話は突発的で脈絡もあまりない。長い話を要約すると、「お金に困っている」のだと遠回しに伝えたいようにも思えた。

そろそろこのツアーも終盤で、間もなく支払いの瞬間がやってくる。日本人はこの手のお涙頂戴系の話に弱いから、同情を引く作戦

周囲が開けているぶん、ホイアンの日本橋より美景度は高い気がする。

なのかもしれないな、などと僕はつい疑いの目で見てしまうのだった。

フエの街中へ戻ってくると、チュンさんは食事をしに行こうと言い出した。

「美味しい春巻きの店があるんです。ビールも飲めるし」

僕が酒飲みであることを見抜かれたのだろうか。お腹が減っていたし、ビールという言葉には抗《あらが》えない魅力がある。しばし逡巡したが、結局僕は首肯《しゅこう》した。

連れて行かれたのは、宿泊しているホテルからも近い新市街の小さな食堂だった。チュンさんは店のおばちゃんにてきぱきと注文すると、手慣れた感じで缶ビールを二つ持ってきて言った。

「一緒に飲んでいいですか？」

奢《おご》ってくれ、ということだろうか。まあ、缶ビールぐらいなら……。

僕が頷くと、チュンさんはニコリと微笑み、プルトップを捻った。そうして乾杯を終えたところで、タイミングを見計らったかのようにノートを取り出した。

「これに何か書いて欲しいのですが……」

出会ったときに見せてきた、例の営業ツールだ。

正直面倒くさいなあとは思ったのだが、断るのも悪い気がして適当にページを埋めていく。

チュンさんがフレンドリーと書いて欲しいと懇願するので、言われるがままフレンドリーという単語も書き足した。

そうこうするうちに、次々と料理が運ばれてくる。こんなに頼んで食べきれるのだろうかと心配になるほどの量を前にして、支払いで揉《も》めそうで嫌だなと後ろ向きな気持ちもチラリと頭をよぎった。まあでも、なるようになるだろう。ビールを飲み始めたせいか、細かいことはどうでもよくなってきていた。

店の名物料理だという生春巻きがビールによく合う。ベトナムではお馴染みの生春巻きなのだが、巻いた状態ではなく、ライスペーパーのほか、中の具材としてつくねの串焼き風の肉、さらには香草類と調味料が出てきた。ネムルーという名の料理で、自分で巻いて食べるのだという。

味も悪くないし、手巻き寿司のような感覚でなかなか楽しい。といっても、巻く作業はチュンさんがほとんどやってくれた。

「ニンニクをたっぷり入れると美味しいですよ」

頼んでもいないのに、次々と巻いて僕の皿へ置いてくれる。お節介なタイプなのだろう。この食堂に来てからはもう完全に彼のペースで、僕が口を挟む余地もない。

問題は支払いだった。揉めたくはないが、すんなり済むとも思えない。お腹いっぱい食べてそろそろお開きという段になって、遂にそのときはやってきた。

「ええと、三十五万ドンだよね？」

まずはツアーの代金である。念のため金額を確認すると、

「遠くまで行ったから、少しチップも欲しいです」

とチュンさんは悪びれずに言った。ううむ、まあでもここまでは想定内だ。僕は四十万ドンを手渡し、お釣りは要らないからと色を付けてあげた。

ところが、それを見てチュンさんは露骨に難色を示した。

「そのお札、日本のお金ですよね？　それをプレゼントしてくれませんか？」

目ざといというか、図々《ずうずう》しいというか。チュンさんが僕の財布の中にある千円札を指差し、これが欲しいと言い出したのだ。僕が大いに困惑していると、

「あとこの食事代、二十一万ドンです」

とたたみかけてきた。二十一万ドンって……た、高い！

ふっかけるなあ、もう。でも、事前に確認しなかった僕も悪い。もう何もかも面倒になって、食事の支払い代わりに千円札を渡したのだった。

二十一万ドンはちょうど千円強である。あらかじめ頭の中で計算して、そのことを分かったうえで、指定してきた金額なのかもしれない。だとすると策士だなあと感心させられる。

敵ながら天晴《あっぱ》れ、と言わざるを得ない。

チュンさんとはこの食堂の前でお別れとなった。最後にやっぱり一悶着あったが、丸一日お世話になったし、笑顔でバイバイをしたいと思ったのだが――。

「もう少し、あと五万ドンくれませんか？」

なんと、この期《ご》に及んでさらにお金をせびってきた。

怒りを通り越して、呆気に取られる。お金へ対する並々ならぬ執着心に閉口してしまう。別れ際だから揉めたくないとか、そういう発想は皆無らしい。

とはいえ、すでに五万ドンを上乗せしているわけだし、さらには食事のお代としては多めとも言える千円札もあげている。これ以上は到底支払う気になれない。

ライスペーパーで包むと何でもウマい。ビールに合わないわけがない。

かくなるうえは、こちらも毅然《きぜん》とした態度で臨むことにした。今日はずっとイエスマンで言われるがままだったから、初めてとも言える反抗である。僕は強い口調で「ノー」と拒絶した。すると、さすがにこれ以上は厳しいと判断したのか、チュンさんはようやくあきらめてくれたのだった。

別れ際の彼が、顔を真っ赤にしていたのが印象深い。あれは酔っぱらいの顔だ。

「飲酒運転は良くないよ」

と僕は諫《いさ》めたが、そんなことよりも思うよりもお金が稼げなかった落胆の方が大きそうで、なんだか少し可哀想になってしまった。

基本的には善人を装いつつも、隙あらば果敢に攻めてくるこの感じ。いやはや、ベトナムの旅は油断ならない。でも、適度に緊張感がある方が面白いのも事実だ。

チュンさんと別れ、いったんホテルへ戻ると、フロントの女性が浮かない顔をして出迎えてくれた。なんと、停電しているのだという。

「すぐに直ると思いますが……」

女性はそう付け加えたが、「すぐ」が具体的にどの程度なのか分からない。窓のない部屋は電気がつかないと真っ暗なので、あきらめて外出することにした。

近くのカフェに入り、オープンエアのテラス席に陣取る。PCを開き、キーボードをパチパチしながら日記を書いているうちに、徐々に陽が傾いてきた。

その日記を書き終えるよりも前に、ちょっとしたトラブルが発生した。

手や足が――かゆい。とっても、かゆい。

蚊がいるなあ、となんとなく勘付いてはいた。薄暗くなってきた空間の中で液晶画面が放つ光が眩しかった。この光に吸い寄せられるようにして蚊が襲来してきたのだ。

書き上げるまで耐えられず、僕は店から脱出することにした。夕暮れどきの道路は溢れんばかりの数のバイクで埋め尽くされていた。陽が落ち暑さが和らぐのを見計らってから活動を始める。この街の人たちにとっては日常的な光景なのだろう。

虫刺され用の薬を取りにホテルへ戻ることにした。

新市街のこの辺りには、旅行者向けのレストランやバーが密集している。僕が見るからに旅行者っぽい風体であるせいか、やたらと客引きに声をかけられた。それらを適当にあしらいつつ歩いて行くと、停電から復旧したのかパチッという音と共に一斉に照明の光が灯った。

（9）南国の男になりたい

ホイアン行きのバスに乗り込んだら、偶然にも座席が昨日と同じ位置だった。チケットには「Seating」と記載されていたが、なぜか今日も寝台車である。フエの出発が午前八時で、ホイアンへの到着が正午の予定となっている。移動距離は短いし、そもそも昼行便だから寝台車である必要はないのだが……。

「……ま、いっか」

僕は体をゴロンと倒して横になった。二段ベッドになっているため、可動式の背もたれ部分を最大まで起こしても、頭上の空間が狭くて普通に着席できない。別に眠くもないのだが、横になった方が広々としており快適なのだ。

バスは途中でダナンを経由する。ベトナム中部では最大の都市で、近年は成田からの直行便も飛ぶようになった。ハノイやホーチミンに次ぐ、ベトナム旅行の新たなデスティネーションとして、日本でも密かに人気が高まっていると聞く。

といっても、ダナン自体にはそれほど見どころはなく、スルーされがちな都市と言えるだろう。フエから乗ったオープンツアー・バスでも、ダナンで降りる人は数えるほどしかいなかった。ダナンでは降りず、そのまま同じバスに乗り続けてさらに一時間半ぐらい走るとホイアンへ辿り着く。

　ホイアンは世界遺産にも登録された古い街並みで知られる。街の郊外にはビーチもあって、リゾート開発も進んでいる。観光するならばダナンよりも断然ホイアン、というわけだ。

　バスはほぼ予定通りに目的地ホイアンの街へ入った。身支度を整えつつ、バスを降りてから宿までの道のりを改めて確認しようと、僕はスマホの地図アプリを起動する。

　ここで問題発生。現在位置と進行方向が自分が考えていたのと違う。

「あれれ、どこへ行くのだろうか……」

　フエのときは、バス乗り場がシン・ツーリ

バスはダナンの名所「ロン橋」を渡った。車窓に龍の尻尾が見える。

ストのオフィス前だった。ホイアンにも同社のオフィスがあるから、やはりそこに着くのだろうと勝手に思い込んでいた。実は宿もわざわざオフィス近くのホテルを選んで予約したぐらいなのだ。

ところが予想はまんまと外れ、バスが到着したのはオフィスからはだいぶ離れた場所にある、空き地のようなスペースだった。

うーむ、失敗である。事前にスタッフに訊いて確認すべきだった。我ながら、マメさが足りないというか、思い込みは良くないというか。宿までの結構な距離を歩く羽目になった。暑い陽射しの中、重い荷物を持って移動する。タクシーを拾う手もあるが、それもなんだか悔しいので意地になって歩いて向かう。

そうして汗だくになりながら宿へ到着したわけだが、時間が早すぎてまだチェックインできないと言われ、僕は崩れ落ちそうになった。シャワーもお預けか。

「すみません、チェックインは十四時からなんですよ」

うんうん、そうだよね。薄々、そんな気もしたんだよね。ああ……がっくり。

一日三万ドンで宿の自転車を貸してくれるというので、それに乗って旧市街へ出かけることにした。このまま部屋に入れる十四時まで待機するのも時間がもったいないし、お腹も減っていた。気を取り直して街の散策へ。

不思議なことにキコキコとペダルを漕いでいるうちに、気持ちは晴れていった。自転車散歩、なかなか悪くないのだ。徒歩だとややしんどい距離でもスイスイ、楽々。なんだか羽根が生えたかのようで、どこまでも遠くへ行けそうな錯覚がする。

エンジン付きの乗り物と違って、景色が流れる速度がゆったりなのもいい。無理せずマイペースにペダルを漕いでいく。キコキコ、キコキコと、古ぼけた自転車が立てる音も風情がある。この作戦は大成功だったかもしれないなと、僕はほくそ笑んだ。

旧市街へ入ると、途端に道が狭くなった。といっても、複雑に入り組んでいるわけでもなく、道路構造は比較的シンプルなようだ。メインストリートは東西方向に走るチャンフー通りで、これに平行する形で何本か道が延びる。南北方向にはさらに狭い路地がいくつかあり、それらが東西方向の道どうしを繋ぐ。

キコキコ進むうちに、やがて川沿いの道へ出た。木陰に何台か自転車が停まっており、なんとなく駐輪スペースのようになっていたので便乗して僕も停める。遠い過去の時代へタイムスリップしたかのような旧市街の中では、自転車ですら過剰で、自分の足でのんびりそぞろ歩くのが正解に思えた。

アンティークな家屋が立ち並び、時代劇のセットへ迷い込んだようだった。土産物屋やレストランが点在し、往来には外国人旅行者の姿も目立つ。そんな光景の中、僕はカメラ片手にぶらぶらしながら、気になった風景があればシャッターを押す。ホイアンは写真好きな旅人にはとくにオススメできそうな街だと感じた。

そこらじゅう被写体だらけではあるが、撮影スポットとして外せないのはやはり「来遠《らいおん》橋」だろう。通称、「日本橋」。フエでも同じような橋を見たばかりだが、ホイアンにある日本橋の方がずっと有名だ。二万ドン札の絵柄にも描かれているほどで、ホイアン観光というよりも、ベトナム観光における主役級スポットと言っていい。

なぜ日本橋と呼ばれるかというと、かつてこの近辺には日本人町があって、日本人が架けた橋だからだ。作られたのは一五九三年だというから、日本は豊臣秀吉が全国統一を果たした頃。戦国末期にはインドシナへ移住した日本人がいたわけだ。

街の最大の見どころとあって、来遠橋のまわりはとくに観光客で賑わっていた。人が入らない、純粋に橋だけの写真を撮りたいのだが、タイミングが難しい。炎天下の中でカメラを構えて待機し、ファインダーから人の姿が切れるわずかな瞬間を逃さずシャッターを押す指に力を込める。

橋の内部にはお寺があって、猿や犬の像が鎮座し、その前にはお供え物が置かれている。単なる橋ではなく、ここは聖地でもあるのだ。

橋を渡るだけなら無料だが、お寺の中へ入るにはチケットがいるというのでパスしてしまった。ちょっと迷ったが、ランチがまだで、お腹が減っていたのだ。聖地よりも食欲を優先させる。我ながら、欲望にまみれているのもいつものことだ。

ホイアンへ来たら食べたい郷土料理があった。前回、十数年前に縦断旅行をした際にこの国で食べたものの中でも屈指の大ヒットで、以来一度も食べていないのにいまだに名前を覚えているほどのお気に入りである。

その名も、「カオラウ」という。どんな料理かというと、麺料理である。ベトナムではお馴染みのお米の麺だが、フォーやブンと比べると麺が太いのが特徴だ。

「どこかで見たような料理だなあ」

と、漠然と思っていたのだが、今回ようやく謎が解けた。カオラウのルーツは、あの伊勢《いせ》うどんなのだという。日本人町に暮らす当時の日本人が考案したのだそうだ。

ううむ、うどんかあ。うどんというよりも、きしめんに似ている気もする。日本人が考えただけに日本人好みの味ではあるものの、例によって香草類が入っており、ライムを搾って食べるなど、ベトナムらしい料理と言える。

旧市街の中にある、「チュンバック」というレストランへ入った。カオラウのほか、ホワイトローズや揚げワンタンなどのおかずも付いたセットメニューが十万ドンだったので、迷わずこれを注文する。ホワイトローズとは、海老のすり身を詰めた米粉の皮を蒸した料理で、これまたホイアンの名物料理として知られる。ちなみに、ビールももちろん都度頼んでいる。今日もとびきり暑く、しゃきっと冷えた琥《こ》珀《はく》色の液体が愛おしい宝物のようだ。カオラウもホワイトローズもやや濃いめの味付けで、そのせいかいつも以上にグビグビグビッとビールが進むのだった。

食後は腹ごなしも兼ねて、さらにテクテクと散歩して回る。

こぢんまりとした民家ばかりが立ち並ぶ旧市街では珍しい大きな建物を見つけ、中へ入ってみたら市場だったので心静かに興奮した。前回の旅でも来ているはずだが、十年以上も前となると細かいディテールまでは覚えておらず、初めて訪れたかのような新鮮な気持ち

カオラウの定食。一人旅だとこういうセットメニューはありがたい。

で向き合える。

ホイアンの市場は街の規模から想像したよりもずっと大きな市場だと感じた。中へ突入すると、右から左から次々と声がかかる。

「ハローミスター！　何か買っていってよ」

のんびりした雰囲気が漂うホイアンだから油断していたが、市場のおばちゃんたちは押しが強く、アグレッシブな印象だ。さすがはベトナムと感心させられる。

とはいえ、それも土産物関係のお店だからのようだ。生鮮品を扱う一画まで行くと、急に気だるい空気が流れ始めた。市場のピークタイムは基本的に朝なのだろう。昼下がりのこの時間帯は、すでに店じまいをしているところも多く、人はまばらだ。

中でも閉店率が高かったのが、魚介類のコーナーである。片付けられたテーブルの上に椅子が裏返しで積まれていた。朝イチならばそれなりに活気もあるのだろうが、閑散としている目の前の現状からは想像もできない。

そんな魚介類コーナーの隅の方に、やたらと人口密度の高い空間があった。ざっと数えたところ、おばちゃんたちが二十人以上は集まっている。しかも全員が同じ方向を向き、真剣な表情を浮かべていた。

「はて、なんだろうか……」

気になったので近づいてみると、すぐに謎が解けた。おばちゃんたちはテレビに夢中なのだ。何かのドラマ番組のようだった。昼ドラ？　いまどき珍しいブラウン管のテレビである。しかも二十インチもないようなサイズで、みんなで見入るには小さすぎるのではないかと、余計なお世話を焼きたくなった。

おばちゃんたちは、きっと朝早くからここで働いていたのだろう。本日の商いを終え、みんなで昼ドラを観賞しながら人心地ついている。よく見ると、頬杖《ほおづえ》をつきながら舟を漕いでいるおばちゃんもいた。

「おつかれさまです」と労《ねぎら》いの言葉をかけたくなる。

労働の後の憩いの時間というわけだ。なんだか微笑ましい光景である。

魚介売場のある市場の南端は川に面している。僕はそのまま川沿いを歩いてみた。すると、ボートツアーの客引きから何度か声がかかった。といっても、あまりやる気はなさそうで、断るとそれっきり。しつこくつきまとったりはしない。

市場で商いをしていたのはほぼ女性だったが、こちらは男性である。市場のおばちゃんたちがアグレッシブなのと比べると、対照的だなあと感じた。なんというか、どことなく勤労意欲に欠けるというか。声をかけてくるのはまだいい方で、ボートの中にダラリと横になってイビキをかいている男も目についた。

ベトナムのような南国へ来ると、男性よりも女性の方が働き者なのだとよく言われる。そんな通説も間違っていないのかもしれないなあと、旅していてしばしば痛感させられる。自分も男なのでできれば反論したいのだが……。

そろそろチェックインできそうなので、いったん宿へ戻る。

帰路の途中、雑貨屋で缶ビールを購入した。部屋に案内され、ふうと息を吐《つ》きながらそれを飲み干すと、途端にウトウトしてきた。締切りが迫っている原稿に着手しようかとも思っていたのだが、とても仕事をする気にはなれない。まあいいや、とうっちゃってしまう僕自身も、南国の男たちのことをとやかくは言えないのだった。

やる気が出ないのも仕方ないと思われ……。だって暑いんだもの。

エアコンの冷気に襲われ、ブルッとしながら目が覚めた。二時間は寝ただろうか。夜にたっぷり眠るのもいいが、真っ昼間のうたた寝にはまた別格の気持ち良さがある。それも海外旅行中となれば、これほど贅沢なことはない。

素早く身支度を済ませ、再び自転車で旧市街へ向かった。

書き物ができそうなカフェを探すと、小洒落《こじゃれ》たお店が案外多い。店内はモダンな装いながらも、歴史ある家屋をリノベーションしているので、うまく街並みに溶け込んでいる。前回、十数年前に訪れたときにはなかった気がする。

それらのうちの一軒に入って、カバンからラップトップPCを取り出した。寝起きは頭が冴え渡っていて、原稿も捗《はかど》る。夕食前のこのタイミングで、ちゃちゃっと仕事を済ませてしまうことにしたのだ。旅行中は極力仕事をしない（というより、したくない）主義だが、そうも言っていられない。

注文の際に、ついでに店員さんにWi－FiのパスワードをPCを訊いて、PCをネットに繋いだ。編集者から届いているレイアウトのPDFをダウンロードし、文字数を確認する。かれこれもう三年も続いている、雑誌連載の原稿である。

ちなみに今回の内容はエヴァンゲリオン新幹線の乗車レポートだった。山陽新幹線が名作アニメとコラボした特別列車を走らせており、この前乗ってきたばかりなのだ。すっかりベトナムモードでいる頭を、瀬戸内の車窓へと強引に切り替える。高速走行する新幹線の旅が、ホイアンのまったりとした雰囲気とあまりにもかけ離れていて、どこか別の惑星での出来事のように思えてくるのだった。

なんとか区切りのいいところまで書き終え店の外へ出ると、先ほどまでとは景色がガラリと変わっていた。いつの間にか街は夜の部へと移行したらしい。陽が落ちて薄暗くなった世界に、ランタンの仄《ほの》かな明かりが灯り始めている。

そんな様を目の当たりにして、いよいよか、と僕は身構えた。

ホイアンは夜の街というイメージがあった。暗くなると、家々にはランタンが灯され、アンティークな家屋が美しくライトアップされる。観光客にとっては、この美しい夜景の街並みこそが最大の見どころだという。

カメラのレンズを明るいものに換え、街の散策へ繰り出す。色とりどりのランタンが夜空をじんわりと照らす中、暑さが和らいだせいもあり、昼間よりも人の往来は増えている。歩を進めるにつれて、僕のテンションはどんどん上がっていった。喩えるならば、夏祭りの縁日会場へ突入するときのような高揚感に近い。

圧巻だったのは、川沿いで観られる光景だ。

対岸に立ち並ぶ複数のカフェが、近隣の店と競い合うようにしてド派手に電飾されている。しかも明かりが川の水面に映り込み、オーロラのようにゆらゆらとしていた。あれは人に観られることを前提に、狙って演出されたライトアップだ。絵はがきになりそうなレベルの美しさ。ああ、綺麗だなあと、ウットリ見惚れてしまう。

あの明かりを間近で観ようと、橋を渡り対岸へ向かう。すると、近くに露店が集まった夜市のような一画を見つけた。観光客向けの土産物屋が中心だが、中でもとくに目を引くのがランタンを売るお店だ。無数のランタンが吊された店頭に、大勢の人たちが惹きつけられるようにして集まっている。

れっきとした売場でありながらも、絶好の撮影スポットと化しているようだった。色とどり、形も大きさもさまざまなランタンが、光のグラデーションとなって観る者を魅了する。僕は撮影意欲に駆られた。メモリーカードがあっという間に一杯になっていく。カメラのバッテリーがみるみる減っていく。

やはりホイアンは夜がメインというか、夜に訪れてこそかなと思った。余裕をかまして昼寝をしたり、仕事をしていたのは、こうなることを見越していたからでもある。本番を待たずに息切れしないよう、体力や集中力を温存しておきたいところだ。

絶景をたっぷり堪能した僕は、ホクホク顔で近くの食堂へ入った。ビールを大瓶で頼み、一人で祝杯を上げる。何かの勝負に勝ったかのような満たされた気持ちでいた。旅をしていると、どうしても当たり外れがあるものだが、今日は大当たりだった。それゆえの、祝勝会なのである。

見たことのない銘柄のビールが出てきた。「LARUE」とロゴが入っている。ラルーと読むのだろうか。青地に虎の絵柄が描かれており、シンガポール産のタイガービールとデザインがどことなく似ている。

そういえば、フエでも「FUDA」という銘柄のビールが幅を利かせていた。ハノイでは「ビアハノイ」ばかり飲んでいた。これから行くホーチミンには、その名も「サイゴン

美しい電飾に惹かれフラリと入店。川沿いのテラスで夕涼み。

ビール」が待っている。

ベトナムのビールといえば、日本では「333」と書いてバーバーバーと読む銘柄ぐらいしか見かけない。ところが現地では、地域ごとのローカルブランドが存在しているようだ。多種多様な地ビールを比較できるのも、今回のような縦断旅ならではの楽しみ方と言えるかもしれない。

大瓶サイズは一人で飲むには量が多めだが、グビグビ飲んだらすぐに空になった。今日もビールが美味しい。旅をしているとつい色々と欲張りたくなるものだが、近頃は多くは望まないよう心がけている。美味しいビールが飲めさえすれば、それでいい。

（10）世界遺産と海と昼ビール

ホテルの朝食は七時から始まると聞いて、七時ぴったりに食堂へ行ったらまだ準備中だった。もうすぐできるというので、ひとまずコーヒーだけ頼んで大人しく席で待つことにする。民家を改造したB&Bのような宿だが、一杯ずつドリッパーを載せたきちんとしたベトナム式のコーヒーが出てきて感心させられた。ベトナムのホテルは安い割には結構良くて、他国よりもコスパに優れる気がする。

朝ご飯を食べながら、その日一日の行動プランを考え始める。我が旅のお約束の一つだ。今日も移動するが、バスは夜行便である。出発時間は十八時十五分。つまり、この日は日中をまるまるホイアンで過ごすスケジュールとなっていた。

さて、どうしようか——行き当たりばったりの今回の旅だが、ここいらでそろそろ今後のプランニングを整理しておきたい。

この後はニャチャン、ダラット、ホーチミンと移動する。ホーチミンが縦断旅のいちおうのゴールではあるものの、ここで僕は一計を案じていた。

日本への帰国便は、ホーチミンからの直行便ではなく、あえてダナンを経由するルートで予約しているのだ。ダナンからは最近、成田行きのフライトが就航したばかりで、今回はこれを利用する。ホーチミン～ダナン間は国内線になるが、個別に購入する必要はなく、国際線の一部区間として料金に含まれている。

往路：成田～ハノイ
復路：ホーチミン～ダナン～成田

まとめると、つまりこういうルートになる。

エアラインはベトナム航空で、料金は諸費用込み四万八千九百十円だった。変則的な旅程ながら、成田からハノイやホーチミンを単純往復するのと料金的には大差がない点がポイントだ。ある意味、裏ワザと言っていいだろう。

なぜ、わざわざダナンを経由するのか。

実は、ふたたびここホイアンを訪れる魂胆でいるのだ。この街で月に一度、満月の夜に開催されるという「ランタン祭り」を狙っていた。日頃から美しい夜の街が、さらに華やぐと聞いて、ぜひ見てみたいとかねてより憧れていた。

この手のお祭りには目がない旅行者である。祭りの開催日を調べ、ピンポイントでその日に合わせる形でダナン空港へ到着するよう航空券を予約したのだ。

本番はあくまでもお祭りの日であるから、現在のホイアン滞在は前哨戦のつもりだった。ひとまずお祭りのために下見をしておこう、などという軽い気持ちでやってきたのだ。ところが、下見の段階にもかかわらず、早くも大興奮してしまったことは前述した通りで、雅《みやび》な風情が漂うこの古い街を僕は気に入り始めていた。


とりあえずチェックアウトを早々に済ませ、フロントで荷物を預かってもらう。今日も自転車をレンタルして、きこきこと出かけることにした。

差し当たって向かったのは旧市街だ。値段が安かったので、旧市街からは離れた宿に泊まっているが、自転車ですぐなのであまり不便はない。

昨日は到着したのがお昼頃だったから、午後の様子しか目にしていない。朝はどんな雰囲気なのだろうかと思ったら、予想した以上に閑散としていた。スタートダッシュが遅いのは、南国の田舎町ならではといったところか。

しかも、交通量が妙に少ない気がした。走っているのは自転車ぐらいで、バイクや自動車をぜんぜん見かけないのだ。これは後で知ったのだが、ホイアンの旧市街は午前八時から十一時までの間、バイクや自動車の乗り入れが禁止されているのだという。いわば歩行者天国のような状態である。

当《あ》て所《ど》もなく走っていくと、やがて市場の前へ出たので見ていくことにする。やはり朝の方が断然活気があるようだ。連日の訪問ながら、昨日は時間が遅くて店じまいをしていたので、見られる風景はまるで違う。昨日と違い肉屋も魚屋も絶賛営業中で、売り買いする人々の熱気で大賑わいだ。

商売の邪魔をしないよう、サササササッと素早く場所を移動しつつカメラを向ける。旅行中は途方もない枚数の写真を撮るが、中でもこういう市場の撮影が大の得意というか、最もアドレナリンが放出される。

とはいえ、被写体が風景ではなく人物となると、無闇矢鱈《むやみやたら》と撮るわけにはいかず色々と気も遣う。とくにアップで写す際には、僕は原則、相手に許可を取るようにしている。もちろん拒絶されることも多いのだが、いちいちめげてはいけない。

野菜売場を散策していると、通りの向こうからバナナ満載のカゴを天秤棒《てんびん》に載せた女性がこちらへ歩いてきた。絵になる光景だなあと僕はカメラを構えたのだが、ファインダー越しに女性と目が合って、反射的に撮るのをやめた。

「撮ってもいいわ。でも、撮るのなら、チップをちょうだいね」

女性の目がそう語っている気がしたからだ。考えすぎかもしれないが、こういうフィーリングはとくに大切にしている。

僕にとってカメラは、コミュニケーションのためのツールでもある。言葉が通じない相手でも、互いの意図は伝わるものだ。意思疎通ができ、結果いい笑顔が撮れると満たされた気持ちになるが、いつもいつも上手くはいかないのだった。

市場へ来ると撮影意欲が旺盛になるのは、物欲を抑えなければならない反動でもある。できることならば写真を撮るだけでなく、買い物もしたいのだ。けれど、通りすがりの旅行者としては、肉や野菜を買うのはあまり現実的ではない。そこで、せめてもの抵抗として、写真で我慢をするというわけだ。

さらにはどうしても我慢できない場合には、さらなる試みとして市場内の食事処でローカ

2日連続で来遠橋へ通う。午前中の方が断然空いている印象だ。

ルの美味しいものにトライしたりもする。買って帰れないから、その場で食べてしまう作戦である。

僕は近くのカフェでマンゴーシェイクを飲んでいくことにした。市場に陳列されていた果物があまりにも美味しそうだったからだ。一杯、二万ドン。南国の太陽の光をたっぷり浴びて育ったであろうマンゴーの甘みにとろけそうになった。

さらには、お昼ご飯も食べていくことにした。市場から歩いて一分ほどの距離にある「ヴァンヴァック」という店が気になっていた。昨日入ったチュンバックと店名が微妙に似ているのだが、こちらも古民家を改装したつくりで店の雰囲気も大差ない。まだ少し早めだからか店は空いていて、店の前の往来を見渡せる特等席を確保できた。

オーダーする内容まで同じだとさすがにつまらないので、今日はフライド・カオラウを注文してみた。昨日はノーマルのカオラウで、今日は揚げたバージョン。ちょっとした変化球であるが、カオラウであることには変わりない。

肝心のお味はというと、うーむ微妙だ。美味しいけれど、揚げていない普通のカオラウの方がいいかな、というのが率直な感想である。

ザーという音が聞こえてきたのは、そろそろ食べ終わろうかというタイミングだった。なんと、雨である。なんと、などと書いたのは、この旅始まって初めての雨だからだ。

「すぐに止《や》みますよ。それまでここで待っているといいと思います」

お皿を下げに来た店員さんが忠告してくれた通り、十分も降らないうちに雨足は弱まってきた。ザーからポツポツに変わったと思ったら、いつの間にか止んでいた。東南アジア特有のスコールだろうか。午前中から降るのは珍しいかもしれない。

雨上がりの道をきこきこと自転車で走る。暑さが幾分和らいだかなあと感じたのも束の間、すぐにカンカン照りの太陽が肌を焼き始めた。

旧市街も一通り見尽くしたので、気分を変えて遠征してみることにした。目指すはビーチである。ホイアンというと、世界遺産の歴史的な街並みばかりが語られるが、すぐ近くには海があってビーチリゾートも楽しめる。

まずやってきたのがクアダイ・ビーチだ。旧市街からの一本道をずっと走っていくとこのビーチに突き当たる。自転車でアクセスするにはやや遠いかなと身構えていたが、いざ行ってみると、これが案外近くて拍子抜けした。

ビーチへの入口付近に、自転車やバイクが何台も停まっている一画を見つけた。先客に倣《なら》って駐輪しようとすると、どこからか若い男がやってきてお金を支払うよう指示された。あらら、有料なのね。金額を訊ねると、五千ドンだと言う。

パッと見はただの空き地で、それらしき看板や案内などが出ているわけでもない。もしかしたら、この男が勝手にここを駐輪場にして商売をしているのかもしれない。

まあでも、いちいち詮索するほどのことでもないというか、五千ドンぐらいなら払ってもいい。適当な場所に停めて、自転車が盗まれたりするリスクを考えれば、お金を払ってでも管理してくれる方がマシだ。

自転車を停め、僕はビーチへと歩を進める。結構潮が満ちているようで、背の高い椰子《やし》の木が屹立《きつりつ》する林のような空間を抜けると、そこがもう波打ち際だった。しかも、なぜか土《ど》嚢《のう》が積まれており、堤防のようになっている。寄せる波の勢いは強く、とても泳げる雰囲気ではないし、実際、泳いでいる人はいない。

自転車があればどこへでも行ける！　童心に戻ったような気持ちに。

中学生ぐらいの子どもたちが、ビニールシートを敷いてピクニックをしていた。引率の先生と思しき大人たちも付き添っている。課外学習みたいな感じだろうか。ベトナム人は小柄なので、意外と高校生だったりして。

ほかにも、そこそこ人はいるのだが、外国人ツーリストはまったく見かけなかった。波に浸食され、砂浜がほとんど残っていないし、欧米人が好きそうな雰囲気ではなさそうだ。ここはどちらかといえば地元の人向けのビーチなのかもしれない。

砂浜の近くに食べ物の屋台が出ていた。何を売っているのか覗いてみると、揚げ物の屋台だった。陳列されているドーナツが美味しそうだったので、一つ買ってみることにした。つい先ほどお昼ご飯を食べたばかりだが、甘い物は別腹ということで。

一つ二万ドン。若干お高めだが、場所柄仕方ない。日本で某ドーナツチェーン店やコンビニで売られているドーナツと比べると、一回りは大きいビッグサイズだった。揚げたての手作りドーナツにたっぷりと砂糖をまぶしてくれた。これで美味しくないわけもなく、パクパクッとたちまち完食。いやはや、太りそうだなあ。

波の音を聞きながらのスイーツタイムを堪能した後は、自転車ツーリングを継続して海沿いの道を北上した。それにしても暑い一日だった。しつこいまでに繰り返し書いているが、本当にどうしようもないほどに暑い。いや、あづい……。

陽射しの勢いは暴力的なレベルで、そんな中をきこきこ自転車で進むのなんて自殺行為にも思えてくる。今日も半袖半ズボンだ。取り返しがつかないほど陽焼けしてしまいそうで、後で鏡を見るのが怖くなるのだった。

続いてやってきたのはアンバン・ビーチだ。こちらはクアダイ・ビーチとはうって変わって、数多くの外国人で賑わっていた。砂浜にはデッキチェアが多数設置され、デレーンと横になって肌を焼く欧米人が目につく。地続きであり、さほど距離が離れていないとはいえ、二つのビーチは雰囲気が違いすぎる。

ここもまた駐輪場が有料だったが、料金は一万ドンと、クアダイ・ビーチの倍額である。いちおう屋根付きという違いはあるものの、地価が違うというか、ビーチのランクとしては単純にこちらの方が上ということなのだろう。

海を見下ろせる高台の上にはオープンエアのカフェが立ち並んでいた。小休止をしようと、そのうちの一軒に入ると、すぐに若い女性店員がやってきた。ところが、彼女が案内してくれたのは、屋内に位置した席で、眺めも良くない。

「海が見える席がいいのだけど……」

こういうときは要求を口にした者勝ちである。僕がストレートに訴えると、女性は浮かない顔になった。あいにく、テラス席が空いていないのだという。

「むむ……でも、あそこの席、誰もいないようだけど？」

チラリと見遣《みや》ると、海に面した場所に空席が見える。そのことを指摘すると、女性は首を振った。事情を聞いて腑に落ちる。あの席は隣の店のものなのだという。

そう言われると、テーブルや椅子の種類が微妙に違う気もする。いやはや、紛らわしい。店と店の境目が曖昧《あいまい》なのだ。

女性には申し訳ないが、ならばここは隣の店へ移りたいのが正直なところだ。頼むのはどうせ飲み物だけである。通りすがりで適当に入ったからこの店へ未練があるわけでもない。

「そうしたら今回はやめておきます。ごめんなさい、ありがとう」

ところが、未練がないのは僕だけだった。踵《きびす》を返して退店しようとすると、女性が逃すまいと追いかけてきたのだ。

「海沿いの席が空いたら、移動してもOKですから」

そう言って、なんとか引き留めようとする。この商売熱心さはいかにもベトナム人だなあと感心させられたが、空くのを待つほど長居するつもりもないし、すぐ近くに空いている店があるのだから、そちらへ移った方が話は早い。

なんとか振り切って、いったん外へ出る。よく見ると、似たような店がずっと続いているようだった。いまの店のすぐ隣へ入るのもなんだかバツが悪い気がして、数軒先の店へと変更した。

今度はあらかじめ海側席が空いているかを確認してから入店する。ほかに客は誰もおらず、好きな席に座っていいというので、一番海沿いのベストプレイスをゲット。

メニューを見るとビールが二万ドンと書いてある。ちなみに先ほどの店は二万五千ドンだった。座席もずっといいし、料金も安い。少々揉めたが結果オーライである。

ビールはここでもラルーという例の虎柄の銘柄だった。グビグビッと水分補給。つくづく思うのだが、海とビールの組み合わせは最強だ。潮風が心地いい。あまりの暑さに干からびそうだったから、ようやく生き返った心地がした。

浜辺はずっと遠くの方まで続いており、蛇行した陸地の先にはうっすらとビル群が望めた。あれはお隣ダナンの街並みだろう。都会の間近というロケーションを考えると、これほどのビーチがあることは極めて贅沢と言える。

いまいるホイアンやダナンの近辺は、ここのところ旅行先として急速に人気が上昇中なのだと聞いていた。今回改めて滞在してみて、僕はそのことに大いに納得がいった。ランタンが彩る美しい夜景の旧市街に加え、南国らしいビーチリゾートも楽しめる。観光客が喜ぶ要素が充実しており、しかも手軽とあれば人気が出るのも当然だ。

とろけるような幸福な時間に身を置くと、酔いが回るのも早くなる。何をするでもなく、大海原《おおうなばら》を眺めながらボケーッとする。マッタリしているとどこからか歌声が聞こえてきた。視線を送ると、少年合唱団のようで、何やら楽器を演奏している。

ああ、いいなあと、さらにウットリする。よく見ると、少年たちが手にしているのは楽器ではなく、ただのコップだったから驚いた。コップを叩きながら、その音に合わせて熱唱しているのだ。歌詞はまったくわからないが、なんだか妙にノスタルジーが感じられる曲だった。

彼らの奏でる楽曲の余韻に浸りながら、ビーチを後にする。ところが、いつまでもウットリはしていられないのがベトナムの旅であ

水着も持たずにいざビーチへ。泳がなくても楽しいから良しとする。

る。

自転車を取りに駐輪場へ戻ったときのことだ。係員に番号札を渡すと、お金を払うように言われ、えっとなった。駐輪代の一万ドンは、預けるときに支払い済みである。僕は事情を説明したが、向こうも向こうで納得がいかないご様子。預けたときとは別の係員であるせいか、話がうまく噛《か》み合わない。

こういうとき、なんだか面倒くさくて、ついお金で解決したくなるのも正直なところである。せっかくいい気持ちでいるのだから、揉め事は避けたい。一万ドンぐらいなら別に大して痛くもないし……。実際、払ってしまう人も結構いるはずだ。

しばし逡巡したが、僕は腹をくくった。これ以上は絶対に払わないという強気の姿勢を見せながら、猛烈に抗議する。理不尽な要求に屈するのはやはり癪である。

結局、向こうが折れた。というより、ほかの客が次々とやってくるから、一人の客にいつまでも付き合っていられないようで、時間オーバーで無罪放免となった。

ケチな日本人だと思われたかもしれないなあ。でも、金額の多寡は関係ない。おかしいことにはおかしいと声を上げるべきだ。

旧市街へ戻り、先に夕食を済ませることにする。これから夜行バスに乗るのだ。晩ご飯には中途半端な時間帯ながら、いま食べないと途中のドライブインで食べる羽目になりそうだった。それだと美味しいものにありつけるとは思えないしね。

目指したのはコムガーの店だ。コムはお米、ガーは鶏肉を意味する。つまり、ベトナム版チキンライスである。ガイドブックに出ていたB店で、美味しかったけれど、店員の態度が著しく悪い。なかなかお釣りを返してくれず、こちらを馬鹿にしたような雰囲気で嫌な気持ちになった。

なんだか悔しくて、その後は口直しを兼ねて近くのバインミーの店もはしごした。食べすぎなようだが、コムガーだけではお腹いっぱいにならなかったせいもある。

店内にはあちこちに新聞や雑誌記事の切り抜きが貼られている。いずれもこの店を紹介する内容の記事だ。ベトナムで一番美味しいバインミーの店などと書かれた英語のキャッチコピーが目立つ。ベトナムで一番は言いすぎな気もするが、確かにウマい。少なくとも店員さんの応対は先ほどの店よりずっと良いというか、今度は逆にフレンドリーすぎてこちらが気を遣うほどだ。

「二つの店を足して二で割ったぐらいがちょうどいいんだよなあ」

などと勝手なことを脳内で口走りながら、帰路についた。宿で自転車を返し、荷物をピックアップする。

「シャワーを浴びていきますか？」

と、嬉しい申し出を受けたが、残念ながらもう時間がない。そのまま急ぎ足でシン・ツーリストのオフィスへ行くと、オフィスの前に見慣れた白青カラーのバスが停まっていた。フエから到着した際にはここではなく、空き地のようなスペースに停車したのだが、どうやら出発はオフィス前になるらしい。

スタッフに案内されバスに乗り込む。前回、前々回とまったく同じ位置の座席だったが、今回はさすがに違う座席である。例によって座るよりも寝る方がずっと楽な座席構造なので、乗り込むなりゴロンとなった。

車窓には夜の部が始まったばかりのホイアンの街並みが流れていく。

この街へは後日また戻ってくる予定だ。だから、別れの言葉は「さようなら」ではなく、「またね」がふさわしいかもなあ、それにしてもお腹がいっぱいだなあ……などなど、横になりながらとりとめないあれこれに想いを巡らせているうちに、早くも眠気に襲われてきたのだった。

第三章　南部（ニャチャン／ダラット／ホーチミン）

(11) 旅人と土地の相性問題について

ホイアンから南下してニャチャンを目指す。オープンツアー・バスに乗るのもこれでもう三台目で、僕はだいぶ勝手が分かってきていた。

さすがは最大手だけあって、シン・ツーリストのバスはいたって快適だ。強いて言えばWi-Fiが相変わらずまったく繋がらないのだが、それ以外にはとくに問題はない。なにせゴロンと横になっているだけで次の目的地まで運んでくれるのだ。

ああ、楽チン、楽チン――なのだが、旅人の欲求は尽きない。現状では満足せずに、さらなる高望みをしてしまうのもいつものことだ。

「うーむ、長いなあ……」

僕は独りごちた。ニャチャンまではおよそ十二時間もかかるのだ。長いと感じるかどうかは主観によるが、僕の感覚だと「十二時間も」と、つい「も」を付けたくなるほど長い。ハノイからフエまで乗ったバスは十四時間半だったから、それよりは短いのだが、十時間を越えたらもはや誤差だろう。

いくら快適とはいえ、所詮はバスである。しかも移動する車内で寝なければならない。若い頃ならまだしも、自分の歳に相応な乗り物ではない気もしていた。あまりに長すぎるのは、体に応えるのだ。

シートが図体のデカイ自分にはやや小さいのも気になっていた。僕は身長が百八十センチ強なのだが、座席の前後空間が足りず、足を完全に真っ直ぐには伸ばせない。仕方ないので足を少し曲げながら眠りにつくのだが、窮屈なので熟睡はできなかった。

とはいえ、へこたれそうになるほどの長距離移動こそが、一方でベトナムらしい経験と言えるのも事実だ。キュウリ型をしたこの国の長細さを、身をもって理解する。

「ああ、縦断しているのだなあ」

と、痛いほど実感できる旅。南へ、南へと、徐々にではあるが、確実に下っていく。ぐりっと太い線でなぞるようにして、一方向に突き進んでいく。陸路の旅ではそれなりに根気が求められるわけだが、だからこそ、そこには飛行機でびゅんと飛んでいたら得られないであろう達成感がある。

ニャチャンへ着いたのは、朝六時を過ぎた頃だった。これまでの行程もそうだったが、今回もほぼ定刻通りの運行である。東南アジアの旅では時刻表なんてあってないようなものだったりするから、僕は素直に感心させられた。

バスの終着点は、またしてもシン・ツーリストのオフィス前だ。ニャチャンの繁華街に近い便利な場所にあり、ホテルもここの近くで予約していた。荷物をピックアップしてよろよろと歩き始める。

すると、ポツと頬に水滴が当たった。あれ、雨？

見上げると、さらに数粒の水が顔面を打ちつけた。空はどんよりと曇っている。認めたくはないが、どうやら降り始めたようだった。

実は密かに嫌な予感がしていたのだ。まんまと的中してしまいガックリくる。

ニャチャンに関しては、前に来たときの忘れられない思い出があった。それも、あまり良くない思い出だ。といっても、どちらかと言えばありふれた体験であり、あえて書くのも気恥ずかしかったりする。

お腹を壊してしまったのだ。海外旅行のお約束と言えるだろうか。

原因は特定できていないが、恐らく飲み物に入っていた氷ではないかと睨んでいる。初めての海外だったせいで、まだ免疫ができていなかったのかもしれない。熱まで出てフラフラになり、せっかくのリゾート地にもかかわらず、ほとんどの時間をホテルのベッドの上で寝て過ごす羽目に陥った。

ベトナムに限らないが、東南アジアでは冷蔵庫ではなく氷で冷やして飲むのも一般的だ。

ジュースだけでなく、ビールでさえ氷で冷やす。そんなことをしたら味が薄まってしまうのだが、ぬるいよりは断然マシだから僕もガシガシ氷を入れる。

氷でお腹を壊したのは後にも先にもそのときだけだ。それゆえ、なおさら痛い記憶が脳裏に刻まれている。ニャチャン恐るべし、と。

個人的にはいわく付きの街なのだ。そして前回の雪辱を果たすべく、密かにリベンジを誓いながら再びやってきた。ところが、到着して早々の雨である。またしても雲行きは怪しくなってきた。旅人と土地の相性みたいなものは実際あるような気がしてくる。今回もまたニャチャン恐るべし、となりそうなのである。

旅をしていれば、晴れの日があれば雨の日もある。天気ごときでとやかく言うのも大人げないのだとは自覚する。昨日まではほぼずっと快晴だったことを考えれば、文句を言うのも贅沢だし。

でも、ほかの街ならともかく、ニャチャンだけは晴れていて欲しかった。ベトナムを代表するビーチリゾートである。南国の海に、燦々《さんさん》と照りつける太陽――そんな絵に描いたような楽園を求めてやってきた旅人は、落胆してしまうのだった。

「まだ早朝だし、そのうちきっと止むでしょう」

などと楽観的に構えられないのは、前回の腹痛ベッド撃沈事件がトラウマになっているせいだ。自分にしては珍しいぐらい悲観的になってしまう。しかもホテルへと歩を進めるうちに、止むどころか雨足はどんどん強くなってきた。

傘をささずに歩くにはややシンドイ降雨量となってきたところで、僕は雨宿りを兼ねて目についた食堂へ退避することにした。ホテルへ行く前に、先に朝食を済ませようかなと思ったのだ。フエに到着したときも同様の流れだったなあ。

適当にフラッと入った店である。ところが、これが夢ではないかと錯覚するぐらいとんでもなく美味しかった。注文したのはフォーボーで、取り立てて変わったメニューではないし、どちらかといえば定番の味なのだが、侮ってはいけない。

白檀を模したという特徴的なモニュメントが、ビーチ散策時の目印に。

絹のような光沢ある麺が、弾けるようにしてつるっと口の中へ入っていく。

「そうそう、この食感！」

と、僕は興奮した。フォーという食べ物の美味しさの秘訣は、その食感によるところが大きいのではないかと僕は常々思っていた。そのことを裏付けるような、見事なまでの喉越しに感服。我ながらゲンキンなもので、天気の悪さにぶうたれていたのが一転、急速にご機嫌指数が上がっていく。

さらには、お肉も絶品だった。ボー、すなわち牛肉なのだが、これまた食感がソフトだ。完全に火が通っておらず、赤い部分が残っている、いわゆるレアな状態。これは「フォーボータイ」というのだそうだ。「タイ」がレアという意味なのかな。

ベトナムは朝ご飯が美味しい国だ。そして朝ご飯が美味しい国は、豊かな国だと思う。忙しない朝にもかかわらず、食べ物に妥協しない姿勢が立派ではないか。

フォーボータイのお代は三万五千ドンだった。二百円もしない安値で味わえる奇跡の一杯。ベトナムの好感度がグッと上がった。

とはいえ、食べ終わって店を出ても、雨は一向に止む気配を見せなかった。

あきらめてホテルへの道を急ぐ。なるべく街路樹の下を通るようにして、雨に濡れないようささやかな抵抗を試みる。

「ニャチャン・ロッジ」という名のホテルに予約を入れていた。ビーチに面した大通りであるチャンフー通り沿いに位置し、全室オーシャンビューなのだという。それでいて、周囲のほかのホテルと比べて宿泊費がだいぶ安かったのでここに決めていた。

ネットの予約サイトで一泊四十九ドルだった。

ついでに書いておくと、これまで泊まったホテルの代金はハノイが二十五ドル、フエが十四ドル、ホイアンが二十ドルだった。それらと比較するとニャチャン・ロッジはずいぶん高いが、街によって相場は変わるから一概にはそうとも言えない。

もちろん、二十ドル前後で泊まれる中級クラスの宿もニャチャンには多い。けれど、せっかくのリゾート地なのだからと、あえてオーシャンビューの部屋を選択したのだ。そしてオーシャンビューの部屋としては、このホテルは他よりもコスパに優れていた。海が見えて四十九ドルなら安いなあと感じたというわけだ。

とはいえ、それらはネットで見た情報から判断しただけで、実際のところは行ってみないと分からない。実際にニャチャン・ロッジへ到着してみると、パッと見の第一印象だけで早くもなぜ安いのか謎が解けた。

古いのだ。東南アジアではよくある、昔は高級ホテルだったけれど……みたいなところ。建築デザインからして昔っぽいし、内部のインテリアもだいぶ草臥《くたび》れている。

　まあ僕自身は、この手のホテルは嫌いじゃない。外資系の有名チェーンに泊まるぐらいならば、こういう地場の老舗《しにせ》ホテルの方が味があるのかなあと。建物こそ古いが、むしろ掘り出し物と言えるのではないかと、そう思っている。

　いくら安いとはいえ、このクラスのホテルならばドアマンが待機しており、客が来るといちいちドアを開けてくれる。建物の中へ入ると、フロアは閑散としていた。まだ朝が早すぎるのだろう。レセプションでは女性が一人暇そうに立っていたのが印象的だ。僕が近づいていくと、女性は一瞬ハッとした顔を浮かべ、すぐに営業スマイルへと切り替えた。

　懸念していたのが、チェックインできるかということだった。時計を見ると、まだ朝の七時前である。常識的に考えれば、あまりにも早すぎる。

「……チェックインは午後二時からなんです」

と、女性は申し訳なさそうな顔で言った。あらら、やはりそうきたか。

　高級ホテルになればなるほど、こういうところはキッチリしている。安宿ならば、時間前でも部屋が空いてさえいればすぐに案内してくれたりもするのだが……。

　ただし追加で二十ドルを支払えば、アーリーチェックインができるのだという。

「いますぐ部屋に入れますか？」

　僕が訊ねると女性は頷いた。頭の中で算盤《そろばん》を弾く。一泊四十九ドルであることを考えると、二十ドルは結構いい金額だ。うーん、どうしようか。

——結局、誘惑には勝てなかった。夜行バスの移動で疲れていた。それにシャワーも浴びたい。昨日はホイアンで炎天下の中、自転車で走り回り、そのままバスへ乗ったから体は汗臭いままだ。

僕はお金を支払い、部屋の鍵をもらった。部屋へ入ってベッドにゴロンとなると、途端に睡魔が襲ってきた。

途中で何度か起きたのだが、二度寝、三度寝を繰り返しているうちに、あっという間に正午近くになっていた。新しい街に着いたばかりだというのに、いきなり眠りこけて時間を浪費した我が身のだらしなさを呪いつつ、まずはシャワーを浴びる。

まあでも、たまにはこういうのもアリだろう。窓の外を見ると、天気は相変わらずのようで、雨こそ降っていないが厚い雲に覆われ青空は拝めない。

古いホテルながら部屋は清潔で快適だ。空間が広々しているのもいい。

ただ、肝心の眺望に関しては、残念ながら期待したほどではなかった。謳《うた》い文句通り、いちおうはオーシャンビューなのだが、窓の向きがビーチに対して斜めの角度になっているのだ。つまり、窓がある側の一方向しか海が見えない。

正直、失敗したかなあと少し後悔もした。でもまあ値段相応かな、と無理矢理自分を納得させ、外へ出かけることにしたのだった。

まずはお昼ご飯でも食べようと、ガイドブックに載っていたショッピングセンターへ向かった。「ニャチャン・センター」という地味な名前に惹かれたのと、泊まっているホテルから至近距離だったのがここを選んだ理由だ。雨が降ってきたから、ショッピングセンターのような屋内の施設はうってつけである。

ところが、ガイドブックの地図に記載された場所へ辿り着くと、取り壊し中の建物が現れた。すでに原形を留《とど》めていないが、元はビルか何かだったようにも見える。

潰れてしまったのか……とガックリ。

このときはあきらめたのだが、話はそれで終わらず、実はそれから数時間後に新展開を迎える。先に書いてしまうと、なんとまった

オーシャンビューではあるけれど……。期待はしすぎない方がいい。

く別の場所でこのニャチャン・センターを見つけたのだ。訊くと、移転したわけでもないとのこと。そう、ガイドブックの地図が間違っていた、というオチである。

普段ならガイドブックで得た情報だとしても、ネットで念のため検索し、地図アプリで場所をマーキングするのだ。でも、このときはホテルからあまりにも近い場所だったので、それをしていなかった。

ともあれ、お目当てのニャチャン・センターがなかった（と最初は思った）ので、僕は美味しいランチスポットを求め、散策がてら街中へと向かった。幸いにも雨もだいぶ弱まってきて、一時的に止んだりもしていた。

道には水たまりができていて、それを避けながら歩を進めていく。十数年前に訪れたときよりも、街並みはだいぶ近代的になった印象を受ける。ホテルやレストラン、土産物屋などが目に見えて増えている。

とはいえ、それでもまだアジアのほかのビーチよりはマッタリとしている。昔ながらの定番スポットではあるものの、いわゆる旬の観光地ではないのだろうなあ。

「ベトナムの熱海だよね」

ニャチャンのことをそんな風に形容する人がいた。なるほど、確かにその通りかもしれない。日本でいえば、昭和っぽい雰囲気、みたいな。いまいち垢抜《あかぬ》けていないのだが、トレンドには迎合しない潔さなのだとしたら好感が持てる。

マクドナルドやスターバックスといった類いの店が進出していないのも、一つの指標になるだろうか。というよりニャチャンに限らず、ベトナムには米国系のチェーンがまだそれほど多くはない。この国の歴史を繙けば、自ずとその理由は想像できる。

「前はぜんぜんなかったのですが、最近になってようやくスターバックスもできたんですよ」

ハノイ発のツアーに参加したときに、ガイドさんが言っていた台詞だ。ハノイには新市街まで行けばスタバがあるのだ。

「いまはもうアメリカともフレンドリーな関係を築いてますけどね……」

そのガイドさんはこう付け加えるのも忘れなかった。同じ東南アジアでも、タイやマレーシアなどではそこらじゅうに米国チェーンがはびこっているのと比べると、ベトナムはその辺の事情が異なるのだろうなあ。

ニャチャンの繁華街を歩いていて、もう一つ気になったことがある。店に掲げられた看板に、ある特定の国の言語が必ずといっていいほど併記されているのだ。ベトナム語や英語、中国語以外の言語。もちろん、日本語ではない。

何かというと、ロシア語である。看板にキリル文字が躍っているということは、すなわちロシア人の観光客が多いということだ。実際、あちこちでロシア人と思しき男女を見かけた。なるほど、ニャチャンはいつの間にかロシア人向けのリゾートへと変貌を遂げたらしい。

　それは既視感を覚える光景でもあった。似たようなケースを僕は過去にも目にしていた。タイのパタヤーである。あそこも近年はロシア人観光客が増えている。

「ロシアの景気が悪くなったら、うちの景気も悪くなってしまって……」

　パタヤーでホテルを経営するタイ人の知人が以前にそんなことを言っていた。ぜんぜん関係ないけれど、そういえば彼ともベトナムで知り合ったのだった。

　パタヤーもそうだが、ニャチャンは海そのものは別にそれほど綺麗ではない。水の透明度や、砂浜の造形美を追求するのならばもっといい場所がほかにたくさんある。この街に人が集まるのは、トータルでの娯楽性の高さに惹かれてのことなのだろう。南国のビーチの風情を楽しみ、羽目を外し

別の国へ来たのかと錯覚を抱いた。「Д」の字を見る度に顔文字を思い出す。

て日頃のストレスを発散するには、ちょうどいいデスティネーションなのだと思う。

ネットで調べると、ビーチ沿いにクラフト・ビールの醸造所兼レストランがあるというので、そこへ行くことにした。「Louisiane BREWHOUSE」という店だ。マックやスタバはないが、ブルワリーがあるとはなかなかイケている。

メニューを眺めるとビールの種類が結構豊富で、どれを飲むか迷う。とりあえず一杯目は店の看板メニューと思しきピルスナーにしようと決めたら、「ノット・アベイラブル」と言われガクッとなった。

「なら、どれが美味しいですか？」

スラリとした長身のウェイターさんに訊いてみると、黒ビールを勧められた。

「じゃあ、それをお願いします。あと、フレンチフライも」

頼んでから改めてメニューを見ると、結構いいお値段がする。一パイントで八万ドン、ハーフなら四万五千ドン。フレンチフライが六万ドンなので、ビールの方が高いぐらいだ。まあでも、こういう店でお金の心配をするのもナンセンスだろう。

グビグビ飲みながらポテトをつまむ。一人だと寂しいシチュエーションだが、タブレットを取り出し、日記を書いたりするには案外いい時間だったりもする。

一杯目のビールが空になろうかという段になって、再び雨がぱらついてきた。オープンエアのテラス席にいたのだが、濡れそうなので急いで屋根の下へ避難する。先ほどの長身のお兄さんが慣れた感じでお皿を移動するのを手伝ってくれたので、ついでにビールのお代わりも注文した。

昨日ホイアンで訪れたアンバンビーチに続いて、この日も海を見ながらのビールとなった。それだけでもう十分にハッピーではあるのだが、昨日とは異なり、今日はとにかく天気に恵まれない。

雨が弱まったら店を出ようと構えていたのだが、一向に止む気配は見せず、むしろザーザー降りになってしまった。結局、埒《らち》が明かないので、濡れるのを覚悟でホテルへの帰路についた。少しでも雨を避けようと、やはり椰子の木の下を辿りながら早足で歩を進める。これで着いた途端に止んだら洒落にならないなあと思っていたら、本当にその通りの展開となってずっこけそうになった。

ホテルに帰ってメールをチェックしたら、日本から校正用のPDFが届いていた。ホイアンにいるときに原稿を書いた雑誌の連載記事だ。ビールのせいでいい感じに酔いが回っていたが、天気が悪くて外出する気にもなれないから、取りかかることにした。何もリゾートに来てまで仕事をしなくても……とは思うのだが、こういうタイミングで片付けておいた方が後々楽になる。

作業を終えてから、また街へ繰り出した。ニャチャンの街を歩いていると、よく中国人に間違えられる。ロシア人だけでなく、中国人も多いのだろう。バイクタクシーの客引きなどに結構頻繁に声をかけられるのだが、第一声は基本的には「ニーハオ」なのだ。

最初のうちは「ジャパニーズだよ」と訂正していたのだが、あまりにもニーハオ、ニーハオなのでだんだん面倒くさくなってきて、ニーハオと言われたらニーハオと返すことに方針を変えた。そういえば、日本人は一人も見かけないなあ。

夕食はコムで手軽に済ませることにした。コムとはコムビンザンの略で、いわゆる大衆食堂のことである。店頭に並べられた作り置きの料理から好きなものを選び、ライスをよそってもらって食べる。

ベトナムの街角ではこのコムをあちこちで見かける。大衆食堂だから早くて、安くて、そこそこウマい。なにより指差しで注文できるのが、言葉が分からない外国人としては大助かりだ。

イカのフライに、魚の切り身に、野菜炒めに、煮卵をトッピングして、さらには瓶ビールを一本頼んだら、お腹いっぱいになった。これで会計は七万ドン。あまりの安さにニンマリしてしまう。ブルワリーで飲んだビール一杯ぶんの値段よりも安い。

夜市のような通りを冷やかしつつ、食後の散歩。売られているのはチープシックな土産物という感じでいまいち物欲がそそられない。それよりも気になったのは、アイスクリームの店だった。食後のデザートにも果敢にチャレンジする。天気が悪いことを口実にしつつ、ついつい食い気に走ってしまうのだった。

ふたたび中国人になりすましながら、ホテルへの帰路につく。宿泊しているニャチャン・ロッジの裏手にはディスコがあった。実は密かに気になっていたのだが、外からチラリと覗いた感じでは閑古鳥が鳴いてそうだったので入る気にはなれなかった。

そうこうするうちにまた雨が強くなってきて、飲み足りない気がしつつも、そのまま大人しく部屋へ退散した。前回のリベンジだ！　などと鼻息荒めでやってきた割には、結果的にいまいち振るわない一日となった。明日は晴れますように。

ナイトマーケットでも食事ができる。ビーチに至近で行きやすい立地が魅力だ。

（12）だらっとダラットでワインを飲む

過去をあまり振り返らない性格なのは、旅人向きかもなあと我ながら思う。すでに終わったことよりも、次なる旅へと想いを巡らせたい。一晩寝て起きても、ニャチャンは引き続き雨が降っていた。けれど、もうこの際それはいいのだ。相性の悪い街にいつまでも固執していてもいいことはない。

気を取り直して、サッサと次の街へ移動する。

今日のバスは出発がいつもより早いのだ。七時半出発である。集合時間は三十分前なので、七時までにシン・ツーリストのオフィスへ行かねばならない。ぎりぎりだとしても、ホテルを出るのは六時四十五分ぐらい、余裕を見るなら六時半か。そうなると、起床するのは六時になる。いつものように朝寝坊はしていられない。

実は少々ヒヤッとさせられる一幕があった。

出発時刻を巡るトラブルである。

ハノイのオフィスで予約したときには八時出発となっていたのだ。ところが、昨日ニャチャンへ着いてみると、七時半に変わっていた。それも、スタッフの人が教えてくれたわけではなく、なんとはなしに壁に書かれた時刻表を眺めているときにおやっと気がついたのだ。

おかしいなあと訝り、スタッフに問い質すと七時半が正しい出発時間だという。何のアナウンスもないから、知らずに八時出発のつもりで行動するところだった。危うくバスに乗りそこなうところだったのだ。

オープンツアー・バスの旅はここまで順風満帆に進んできたから、完全に油断していた。ウッカリしているとベトナムの洗礼に遭う。バスの時間に関しては念を入れて、前日にその都度確認するぐらいのマメさは必要のようだ。

朝はバタバタしそうだったので、前夜のうちに荷物はまとめてあった。それを持ってチェックアウトし、ホテルの外へ出ると雨の勢いが結構強くて一瞬怯んだ。

濡れそうだし、荷物があるし、時間もないから、タクシーを拾うことにした。

ちょうどホテルの目の前に一台停まっていたので、それに乗ろうと近づく。

すると、なんと運転手が眠りこけているではないか。居眠りという感じではなく、本格的に寝入っていて、起こすのも気が引ける。もういいや、と僕は意を決し、結局徒歩で向かうことにしたのだった。

シン・ツーリストのオフィス前へ着くと、バスが停まっていて、間もなく発車しそうな雰囲気だった。あれ、予定よりも早いような……？

焦って乗ろうとすると、スタッフの男に呼び止められる。チケットを見せると、男は首を振って次のバスだと教えてくれた。このバスは七時十五分発のサイゴン行きなのだという。

なんだか紛らわしいのだが、そのバスが出発して間もなくすると、また別のバスがやってきて、それが僕の乗るダラット行きだった。紆余曲折《うよきょくせつ》はあったものの、無事に移動できそうでホッとする。

現れたバスが、いつもとは違うタイプで意表をつかれた。ここまで乗ってきたバスはすべて大型の寝台車だったのだ。翻《ひるがえ》って、今日のバスは小さい。幼稚園の送り迎えで乗るバスのようなサイズ。車内空間も狭くて、足も満足に伸ばせないのは少々辛い。

考えたら、サパへ行くときに乗ったバスもこれと同じだったかもしれない。なるほど、そういうことか、と僕は腑に落ちた。これから向かうダラットは、高原の避暑地として知られる。海沿いの街ニャチャンからはグンと標高が上がる形になる。要するに、今日は山道を走るのだ。小回りの利くバスの方が向いているのだろう。

予想は的中し、この日のバスは峠道を走行した。自然の中を突き進む風光明媚なドライブコースながら、例によって天気が悪くて空がどんよりしているので、車窓の景色にそこまで価値を見出《みいだ》せなかった。それよりも霧などで視界が悪く、見通しの悪いコーナーを曲がるときにはビクビクさせられる。

同じく山岳地帯に位置するサパを訪れたときとも似た風景ながら、サパが田んぼだらけだったのと違い、こちらは田んぼはなく畑ばかりだ。ダラットは日本で言えば軽井沢のようなところだという。すると、あれは高原野菜なのかな。早くも食事へ対する期待が高まる。花より団子、美しい風景よりも美味しい食べ物なのである。

途中で一度休憩タイムがあって、そのときに運転手さんがこう言った。

「今日は天気が悪いので、次の休憩スポットはパスします」

天気と休憩スポットに何の因果関係があるのかいまいちよく分からないが、だからトイレへ行っておくように、という主旨なのだろうと解釈した。そして休憩スポットをパスしたことで時間が短縮されたのか、なんと予定よりも一時間も早くダラットへ着いてしまったのだった。

予定よりも遅れるのなら分かるが、早く着くのは珍しい。あまりに早すぎるから、本当にダラットなのか疑いの念を抱いたほどだ。

スマホを見ると、峠道では電波が拾えず低速通信だった状態が回復していた。「3G」という表示に戻っているのを見て、バスが街に入ったことを知る。さらに地図で現在地を調べて、間違いなくダラットへ到着したことを確認したのだった。

バスはやはり今回もシン・ツーリストのオフィス前に到着した。これまでの街とは違い、ややロッジ風の建物なのを見て、高原の街らしいなあと感じた。建物はどうやらホテルらしく、オフィスはホテル内に間借りしているようだった。

建物前の道は坂になっていて、そこを上っていくと、僕が予約したホテルに辿り着く。それこそ、前方に見えるほどの距離で、徒歩二〜三分とかなり近い。

オープンツアー・バスで縦断旅をしてみて感じたが、ホテルはバスが発着する場所からなるべく近いところを選ぶと、旅の効率がグンと良くなる。シン・ツーリストのオフィスは大抵は街中の便利な場所にあるから、同社のバスで旅をするのならば、オフィス近隣のホテルをチョイスしておくと、まず間違いはないはずだ。

ドライブインには似たようなバスが何台も並ぶ。間違えないように。

ダラットで泊まるのは、「フォーチュン・ダイロイ・ホテル」というところだった。朝食付きで一泊約三千円。好立地であることに加え、手頃な料金なのもうれしい。

チェックインをしようとすると、いま清掃中なので少し待って欲しいと言われた。昨日はニャチャンで早朝に着いて、追加料金を支払ってアーリーチェックインをしたのを思い出す。今日は昨日ほどではないが、規定のチェックイン時間の十四時よりはまだ少し早い。待ち時間の目安を訊ねると、

「すみません。あと三十分ぐらいはかかると思います」

と申し訳なさそうに教えてくれた。

物腰がやわらかく、ホスピタリティを感じさせる応対にいきなり感心させられる。こちらが勝手に早く来ているだけだから、別に謝る必要はないのだが、客としてはこういうときの言い方次第で、ホテルへ対する印象が結構変わるものだ。

ともあれ、三十分もボーッと待つのはもったいない。

「そうしたら、外でランチを食べてきますね」

荷物だけ預かってもらい、そのまま外出することにしたのだった。

ホテルの前の坂道を下っていく。ここは宿やレストランが何軒も立ち並んでおり、旅行者向けの通りといった雰囲気だ。街の中心部へ出るには、坂道を下ってから、ぐるりと回り込

むように進む。地図で見て、ずいぶんと入り組んだ街だなあと感じていたが、実際に歩いてみると高低差も結構あって、予想以上に複雑な構造だ。

本格的な街歩きは後でするとして、ひとまず昼食を取ってホテルへ戻る作戦である。とくにアテもないので、目についた手頃な食堂へ入ってフォーを注文した。昨日に引き続き、今日もフォーボータイというレア肉が載ったフォーが出てきた。

麺も具の肉もたっぷり。お碗からこぼれそうなほど山盛りのフォーをわしゃわしゃ食べる。この手の麺料理ならば、小洒落た店よりもこういうローカル臭が漂う店の方が結果的に満足度は大きい気がする。

まずは出されたままの素の状態で半分ぐらい食べ、それから調味料などを加えて自己流にアレンジしていく。香草類をどかどか入れ、ライムを搾る。スパイシーさが欲しいので粉末唐辛子も忘れずに加える。お好みで味付けできる、このカスタマイズ性

坂道にホテルが並ぶ。徒歩だけでも見て回れるコンパクトな街だ。

の高さこそが、アジアの麺料理の最大のアドバンテージだ。

昼時にもかかわらず、その店は空いていた。僕のほかには、おじさん三人組の集団がテーブルを囲んでいるのみである。おじさんたちはフォーを食べるわけでもなく、何やら暇そうに談笑している。よく見ると、ビール瓶が置かれていた。昼間から酒盛りとは、なんだか羨ましくなる。

僕の視線に気がついたのか、おじさんのうちの一人がこちらへ振り向き、現地の言葉で何かを言った。なんて言っているのか分からないが、こういうときはとにかくニコニコしておくに限る。そのうち、連れの男たちも参戦してきた。僕の方を見ながら楽しそうにジョークを言い合っている。

やがて、「ニーハオ！」と中国語で挨拶されたので、どうやら彼らが僕が中国人だと勘違いしていることが判明した。このまま中国人になりすまそうかとも思ったが、おじさんの一人は中国語を多少は話せるようで、すぐにボロが出そうなので潔く日本人であることを表明することにしたのだった。

「おお、ジャパニーズ！　ジャパニーズ！」

何が嬉しいのか、おじさんたちは僕が日本人だと分かるとたちまち喜色満面に変わった。

何を言っているのか皆目分からないが、ゲラゲラ笑いながら声のトーンを上げていく。赤ら顔から察するに、すっかり出来上がっているようだった。

傍《はた》から見たら、「酔っ払いにからまれる外国人」の図である。

でも、不思議と不快感はなかった。気だるい昼下がりのひとときに、おじさんたちの酒盛りのつまみ的登場人物になれたのならば本望で、恐悦至極なのであった。

フォーの値段は三万ドンだった。支払って店の外へ出て、時計を確認するとちょうど三十分ぐらいしか経っていなかった。ホテルの人は三十分ぐらいで清掃が終わると言っていたが、三十分キッチリで戻るのも気が引ける。食後の一服を兼ねて、続いて近くのカフェでコーヒーを飲むことにした。フォーを食べつつコーヒーでお口直し——いかにもベトナムの旅らしい黄金コースである。

これまた目についた店に適当に入る。ダラットでもやはりそこらじゅうにカフェがあってホッとさせられる。入口そばのテーブルに腰掛け、カフェスダーを注文した。ベトナムのカフェで注文するのはだいたいいつもこれだ。スがミルク、ダーはアイスを意味する。つまり、カフェスダーとはアイスミルクコーヒーである。

ダラットの標高は千五百メートル前後だという。高原の避暑地と聞いていたから結構寒そうだなあと警戒していた。ビーチリゾートのニャチャンと比べれば涼しいが、それでもアイスコーヒーが飲めるぐらいの暖かさはある。

コーヒーを頼むと別のコップでお茶が付いてきた。ベトナムのカフェの由緒正しき王道スタイルである。カフェスダーのミルクは生乳ではなく練乳、すなわちコンデンスミルクなのでとにかく甘い。めちゃくちゃ甘い。飲み物というよりは、スイーツのような感覚でもあるから、サービスのお茶がさりげなくうれしいのだ。

ホーチミンやハノイ同様、ダラットのカフェでも当然のようにＷｉ－Ｆｉが入っていて、店内のあちこちにパスワードが書かれていた。それに繋いで、ネットであれこれ情報を調べながら至福のコーヒータイム。カフェスダー一杯が一万二千ドンだった。ホーチミンやハノイよりも安いのは、地方都市で物価が違うからだろうなあ。

そうこうするうちに、いい按配《あんばい》に時間も経過してきたので、いったんホテルへ戻った。レセプションには先ほどの女性スタッフが待機していて、僕の姿を見るなり鍵を取り出して渡してくれた。良かった、無事にチェックインできるようだ。

ドアを開けて、部屋に入った途端、自然と笑みがこぼれた。パッと見ただけでおおこれはこれは！　と喜びの声を上げたくなるほど素敵な部屋だったのだ。

一言でいえば、クラシカルな内装である。ベッドや椅子、タンスなどの家具類は黒色を基調にした年代物で、重厚さをも感じさせる。きっと、元々の品質自体がチープではないのだろう。古いのだけれど、使い古されて草臥れているというよりは、骨董品《こっとうひん》のようなレトロ感があって優雅な気持ちになれる。

僕自身は宿泊場所に関してはそれほど強いこだわりはないのだが、それでもいい部屋に泊まれるとテンションは上がる。これで三千円は安い、というのが率直な感想だ。別にホテルの回し者ではないし、お金をもらっているわけではない。素直にお得だなあと感じたので書いておく。

気分が高揚したまま出発する。部屋を出てエレベーターに乗ると、一階に該当するフロアのボタンが「G」と表記されていて、おやっとなった。

「ベトナムって英国式だったっけ？」

誰にともなくつぶやき、僕は首を傾げる。旧フランス植民地だった名残かもしれない。だとしたら、クラシカルなホテルだけのことはある。

いままでチェックしてはいなかったが、こうしてフト気になったということは、これまでに泊まっていたホテルは一階のボタンが「1」だった可能性がある。一階が「1」だと米国式になる。

記憶が不明瞭で確かなことは言えないものの、この国の歴史を考えると、二種類の方式が混在しており宿によって違う、というのが正解のような気もする。

いやはや、混乱してきた。些細なことではあるものの、旅をしているとこういう些細な部分にこそ関心が募る。知りたいことは明らかにしておきたい。

「北部は米国式で、南部は英国式なんですよ」

日本に在住している知人のベトナム人に別の友人経由で訊いてみると、アッサリ回答が返ってきた。なるほど、やはりそういうことか。統一前は別の国だっただけに、文化や生活習慣にこういう細かな違いが見られるのもベトナムならではだ。

ともあれ、街へと繰り出すことにする。

ダラットは今回の旅程の中でもとくに楽しみにしていたところだ。ここまで立ち寄ってきたハノイ、フエ、ホイアン、ニャチャンはいずれも過去に訪問済みの街だった。ところが、ダラットは初めてなのだ。このあとはホーチミンだから、新規訪問となるのはダラットだけである。いやが上にも期待が高まるのだった。

街歩きの際には、なんとなくでもゴールを設定しておくとメリハリが付いていい。僕は市場を目標にして歩くことにした。初見の街へ着いたら、まずは市場を訪れるのも我が旅のお約束だ。

ホテル前の坂道を完全に下りきると、湖に突き当たる。スアンフーン湖という名のこの湖が、ダラットのシンボル的存在らしい。

湖畔に沿って西へ進むと、大きなロータリーへ出た。そこから北へ進んだあたりが街の中心部になる。丘陵地帯に築かれた街は起伏に富んでおり、道も複雑だが、湖との位置関係を把握するようにして覚えれば、迷わずに済みそうだ。

水場のある土地にはどこかスローな空気が漂う。湖畔には釣りをしている人たちや、じゃれ合っているカップルなどがちらほらいる程度で、人口密度は低い。マッタリしているというか、見るからに平和そうな静かな佇まいに僕は目を細めた。

ニャチャンでは、歩いていると頻繁に声をかけられた。大抵は、バイクタクシーの客引きなのだが、ダラットではまったく声がかからない。いちいち応対するのにも鬱陶しさを感じていたのだ。放置される方が断然快適だなあ。

お目当ての市場はロータリーから続く大通りの突き当たりに位置する。周囲でも一際大きな建物が見え、すぐにそれと分かった。建物へ近づくにつれ、人々の往来が増えていく。屋外にまではみ出るようにして各種露店がひしめいており、時間帯は結構遅いが、思ったよりも活気に満ちていると感じた。

さっそく市場内へ突入し、カメラを手に端から端まで細かく見て回る。すると、ベトナムのほかの街では見かけない、珍しい野菜などが売られていて興奮した。

中でもとくに目立っていたのが、アーティチョークとイチゴだ。いずれもダラットの名産品らしく、それらを加工した商品も色々と揃っている。アーティチョークは肝臓に効果があるハーブで、お茶にして飲むと二日酔いを防止できるという。酒飲み――しかも酒に弱いタイプ――にはうってつけである。

　ゴロンとした大きなつぼみのようなアーティチョークは、見た目からして存在感が強い。植物らしい緑色をしており、咲く前の蓮の花のような形だなあと思った。ヨーロッパではたまに見かけるが、アジアだと結構珍しい気がする。

　イチゴの赤色も市場のあちこちで彩りを添えていた。カゴの中にイチゴを満載し、通りかかる人に声をかけて客引きをする女性たち。路上にズラリと広げたイチゴを選《よ》り分けている女性たち。美しくてとても絵になる光景なのに惹かれ、頼み込んで写真に撮らせてもらったりもした。

収穫時期なのかそこらじゅうイチゴだらけ。ダラットの名産品だ。

イチゴそのものではなく、ジャムにしたものもよく目にした。いかにもご当地モノという感じなので、土産物にちょうど良さそうだ。

値段を訊いてみると、瓶詰めのジャムが二万八千ドンだという。お手頃価格だし、僕は買って行くことにした。見ると瓶には賞味期限が記載されており、期日がまちまちなので一番長持ちしそうな瓶を選んだ。

市場の一階には乾物を売る店が集まっていて、土産物を探すには重宝しそうである。たとえば、ドライフルーツが売られている。種類が豊富で、色とりどり。ビジュアルからして華やかだ。

物欲しげに見ていたら、すかさず店の女性が声をかけてくる。

「トライ」

と言うので、お言葉に甘え試食させてもらった。ブドウのドライフルーツだったが、酸味があまりなく、ただただ甘い。悪くはないのだけれど、自分には甘すぎてちょっと……というシロモノだった。

ところが僕が買わずに立ち去ろうとすると、女性は顔をしかめた。

「ノーバイ、ノートライ！」

ええええっ、そんなこと言われても……。トライと言ったのはアナタでしょうと、僕が慌てて切り返すと、女性はニヤリと微笑んだ。どうやら冗談らしい。

ダラットの市場は、ズバリ高原野菜の市場だ。ここへ来る道中で、やたらと畑の光景が続いたことを僕は思い出した。あの畑で獲れた野菜も運ばれてきているのだろうか。観光客目線で見ても、レベルの高い市場だと断言できる。野菜コーナーの商品ラインナップの充実ぶりは、これまで見たベトナムの市場では一番かもしれない。

市場にも色んな種類があるが、やはり美味しそうな市場に最も心惹かれる。そして当たり前ではあるが、美味しそうな市場があるということは、美味しい食事にありつける可能性が高いことを意味する。

見るだけでなく、どうせなら味わいたい——日頃から食いしん坊ながら、これほどまでに食欲を掻き立てられたのはこの旅始まって以来だ。

「今日の夕食は妥協しないのだ！」

と、心に誓う。ネットで評判を調べて、名店を狙い撃ちにする作戦に出た。

市場の裏手には幅広の階段があって、そこを上った先の高台にはまた街が続いている。上層エリアとでもいったようなその界隈にある、「ロンホア」というレストランに賭けてみることにした。

訪問前には念のためATMでお金を下ろしておいた。我ながら力みすぎていて気恥ずかしい。美味しいものにありつけるのならば、この際お金に糸目はつけないのだ！　と、内心高らかに宣言する。まあ、たぶんカードも使えるのだろうけど。

お店に到着してまず思ったのが、「予約をしてくれれば良かった」ということだった。人気店なのか、店内は結構混雑している。のんびりとした空気が漂うダラットだから、すっかり油断していた。

ただ、幸いにも小さなテーブル席が一つ空いているそうで、すぐに案内してくれた。一人旅だと、こういう状況でも案外融通が利いたりする。

席に着いて、改めて店内を見回す。古さはあるものの、全体的に小綺麗で品の良さそうな雰囲気だ。それでいて、近寄りがたい高級店というほどでもなく、適度にカジュアルさも感じられる。フレンチを意識したスタイルの店である。フランスだったら、レストランではなくビストロといったところかな。

いちおうメニューはあるが、店のマスターが口頭で今日のオススメを紹介してくれる。中でもチキンにご当地野菜を添えたものを強く勧められたので、ならばとそれに決めた。地産地消を意識した店のようだった。お目当ての高原野菜が食べられそうで、自分としても望むところだ。

飲み物は、もちろんワインである。ダラットといえばワインなのだ。この街で作られたワインは、ベトナムを旅しているとあちこちで見かける。ダラットへ来たのは初めてだが、僕はワインをきっかけにその名だけは以前より知っていたほどだ。

混雑している割には、意外と早く料理が出てきた。これがフランスだったら結構待たされたりもするのだが、そこはさすがはアジアといった感じか。

でも、肝心の料理自体は、ベトナム料理というよりも、もはやフレンチと言えそうな洒落たものだった。蒸し鶏をオリーブオイルなどであえ、玉ねぎやトマトなどの野菜が添えられている。ワインが進む奥深い味付け。そして、なんといっても素材がいい。鶏肉はぷ

ダラットといえばもちろんワイン。本場で味わうから美味しい。

りぷりだし、野菜も味が濃い。文句なしのウマさ。

食後のデザートにはクリームキャラメルを頼んだ。プリンである。これで濃いエスプレッソがあれば、本当にフランスを旅しているような錯覚がしそうだが、コーヒーはベトナム式である。仏越折衷とでも言ったところか。

優雅な気持ちに浸れ、この旅で最高のディナーとなった。ちなみにお代は二十五万五千ドン。内容を考えれば安すぎて、申し訳なくなるほどだ。

僕は満足していた。ダラットは当たりだった。いや、大当たりと言ってもいいかもしれない。美味しい高原野菜に加え、ワインまで揃っている美食の街だ。フランス植民地時代から避暑地として発達してきた歴史を持つせいか、どこか瀟洒な風情も漂う。余裕すら感じさせる優雅なひとときは、都会では体験できないものだろう。

店を出て、ほろ酔い気分で夜の街をホテルへの帰路につく。

途中で市場の前を通りかかったら、昼間はなかった衣類や靴などの露店がたくさん並んでいた。この市場は二部制で、暗くなると夜仕様に切り替わるようだ。

売り物が違うせいか客層も変化していて、やけに若者が多い。ただ、買い物をするというよりも、冷やかし歩いているような男女が目立つ。彼らに倣って、僕も何かを買うわけでもなくぶらぶらと人波についていった。

「――だらっとダラットを歩いてみる」

酔った勢いで、我ながらくだらないダジャレが口をついた。高原ならではの冷たい夜風が気持ちいい。

（13）ゴールテープのないゴールへ

長いようで短い旅だったなあと回想する。南北に長細いキュウリのような形をしたベトナムを陸路で縦断するこの旅も、いよいよゴール目前である。ダラットで一泊した翌日、僕はホーチミン行きのバスに乗った。

「これで終わりかあ」

そんな実感が湧いたのは、バスに乗るまでの段取りがいつもと違ったからだ。

ハノイでチケットを購入した際に、全体の行程が記載され、「Ｐａｉｄ」というスタンプが押された、いわば予約票のような用紙を渡されていた。バスへ乗る際には、オフィスでその用紙を見せてチェックインする。スタッフが端末を操作して、搭乗券をプリントしてくれるので、それを乗車時に提示する流れである。用紙がイーチケットだとすれば、飛行機へ搭乗するのとも似ているかもしれない。

ところが、ダラットでは搭乗券は発券されず、用紙はそのまま回収するという。これでもう最後の区間だから、用紙自体が御役御免ということなのだろう。

シン・ツーリストのオフィスにはフリーＷｉ－Ｆｉが入っていて、乗車前の待ち時間を有意義に過ごせるのが嬉しい。いちおうパスワードが必要なのだが、それも同じ数字を八つ並べただけのものだったりして、なんというかとてもゆるい。

今日は南下してホーチミンを目指すわけだが、高原地帯に位置するダラットからは山を下っていくコースになる。昨日とはうって変わって晴天に恵まれ、見晴らしが良い。車窓を流れる美しい自然の景色に何度も目を細めた。

ダラットは軽井沢に喩えられるのだと書いた。道中の景色も何だか微妙に長野県の山中の道とも似ているなあと感じたが、山を下り終えた頃にはすっかり南国らしい風景に変わっていた。水田が広がり、椰子の木が生い茂っている。

地域によって見られる景色がドラスティックに変わる。旅していて飽きないし、同じ国とは思えないほどだ。実際にぐりっと縦断してみて、地図で見て予想した以上にキュウリのような国なのだなあと知らしめられたのだった。

峠を越え平坦な道に変わってから、バスはドライブインのようなところに停まり休憩タイムとなった。ここがこれまで停まったどのドライブインよりも大きく、そして混雑していて面喰《めんく》らった。ベトナム人の学生の団体さんと鉢合わせしてしまったようで、建物内は若者たちで埋め尽くされ、立錐《りっすい》の余地もないほどだ。

休憩は十五分間と短く、ウッカリしていると置いていかれそうな危うさがある。僕は素早くトイレを済ませ、売店でバナナマフィンだけ買ってバスに戻った。

男性はまだマシな方で、女子トイレの前には長蛇の列ができていた。

「あれに並んでいたら、とても十五分では戻れそうにないけれど……」

同じバスの乗客にはもちろん女性も多いから、大丈夫だろうかと僕は案じていた。まあでもさすがに十五分が過ぎたとしても、全員が帰ってくるのを待って出発するだろうと睨んでいたのだが――運転手さんは時間になると同時にクラクションを鳴らした。そうして、そのまま出発したのだった。

ちゃんとみんな戻ってきているのだろうか。大して確認もしていなかったように見えたのだが……。

すると案の定、バスはドライブインの敷地を出る直前に停車した。プシューという音がしてドアが開き、いそいそと女性客たちが飛び乗ってきた。置いて行かれそうになって大慌てで走って追いかけてきたようだ。間一髪セーフ。見ているこちらがヒヤヒヤさせられてしまった。

どうやらベトナムの人たちはせっかちらしいと、この旅を通して僕は学習していた。とくにこういう移動のシーンになると、先を急ぎたがる傾向があるのだ。

そんな疑いが確信に変わったのは、続いて停車した別のドライブインでのことだった。この日二度目となる休憩タイムである。停車時間は三十分だと運転手さんが言った。先ほどより長いのは、このタイミングでランチを取るためなのだが、食事時間を考慮すると三十分でも短いぐらいだ。

メニューから選んで、注文して、料理が出されるのを待つ。食べたらお会計を済ませ、お釣りが戻ってくるまで待機する。ついでにトイレにも行っておきたい。時間的には結構ギリギリで、自然と早食いになってしまう。慌ただしいなあと感じた。

サクッと食べられそうという理由から、僕は焼きそばを注文した。大してウマくもなかったが、空腹を我慢するよりはマシと割り切った。

食べ終わってトイレへ行こうとすると、運

カフェスダーでも飲みつつ小休止したかったな。混雑しすぎで断念。

転手や車掌さんたちのテーブルの前を通りかかった。チラリと覗き見ると、テーブルの上には食い散らかしたお皿がズラリと並んでいた。

「あんなに食べたのか……」

と、絶句する。この短時間で食べるには、ちょっと過剰とも言えそうなほどの量に僕は度肝を抜かれた。前にも似たような感想を抱いたが、ベトナムの人たちは早食いなのかもしれない。少なくとも、時間感覚が僕とは明らかに異なる。

ベトナムのかつての宗主国はフランスだが、フランスでは一度の食事にやたらと長い時間をかける。万事がスローペースで、急ぐのは品がないとでも言いたげなほどだ。フランスの影響を受けているとはいえ、この点ベトナムは真逆のようだ。ベトナムにはフランス人旅行者がとくに多い。果たして彼らはこの高速なペースに付いていけるのだろうかと、余計なお世話を焼きたくなる。

トイレから出た途端に、クラクションの音が聞こえた。バスの前にいた車掌さんと目が合うと、早く乗れと無言で促される。急《せ》かされる形で、最後のバス旅が始まった。ホーチミンまではあとわずかだ。

ホーチミンではなんと二泊もする予定でいた。「なんと」などと書いたのは、この旅始まって以来の連泊だからだ。

ハノイから一気にホーチミンまで南下してきた。一つの街にはキホン一泊だけで、夜行バスでの車中泊もあった。途中で立ち止まると旅が減速してしまう懸念もある。勢いをゆるめずに最後まで駆け抜けてしまう方が、今回のような短期旅行では上手くいく。我が旅における必勝パターンの一つでもある。

無事にゴールまで辿り着いて、はじめてゆっくり体を休めるというわけだ。

連泊するとなると、途端に気が楽になる。しかもホーチミンである。ベトナムの中では訪問回数が最も多く、個人的に馴染みが深い街だ。当たり前だが、初見だったダラットとは向き合い方からして変わってくる。土地勘はあるし、ホームかアウェイかで言えばホームなのである。

ただ、親しみ深いだけに、普通に連泊するだけだと面白みに欠ける気もした。いまさら真面目《まじめ》に観光する気にもなれないし、色々と楽チンすぎて堕落しそうなのだ。せっかくなので、これまでとは少なからず違った滞在にしたい。

実は泊まってみたいホテルがあった。ベトナムを代表する超有名ホテル——ずばり、「マジェスティック・ホテル」である。

旅人ならば一度は泊まってみたい世界のホテルの代表格ではないかと思う。創業は一九二五年というから、かなりの老舗になる。各国の王族や国家元首といったVIPにも利用され、ベトナム戦争の際にはジャーナリストたちの拠点にもなったところだ。単に有名なだけでなく、格式の高いホテルでもある。日本では、作家の開高健氏が滞在したことでも知られる。

ホーチミンへは何度も来ているのに、マジェスティック・ホテルへは足を踏み入れたことすらなかった。安宿ばかりを泊まり歩いてきた旅人には、いささか眩しすぎる存在でもあった。

「どうせ高嶺《たかね》の花だろうし」

と、端《はな》から選択肢に入っていなかったのが正直なところなのだ。

しかし、それも単なる思い込みだったのかもしれない。試しに調べてみて、あれっとなった。そこまで法外な料金でもないのだ。もちろん安くはないのだけれど、ほかの高級ホテルと大差ないレベル。決して払えない額ではない。

ベトナムのホテルが特別コストパフォーマンスが高いということも、今回の旅を通して実感させられたことの一つだった。安宿であっても、クオリティが高く、値段以上の内容という感想を何度も抱いた。全体的にホテルの軒数が多くて、競争が激しいぶんサービスがいいというのもあるのだろう。

そんな傾向は高級ホテルにも当てはまるようだ。マジェスティック・ホテルの一泊の料金はエクスペディアで予約をして一万七千二百五円だった。念のため補足しておくと、朝食付きの値段である。ほかの国ならば、この金額でこのクラスのホテルにはなかなか泊まれないだろう。いわばベトナム・プライスと言える。

というわけで、今回は自分にしては奮発して、マジェスティックに泊まろうかなと考えた。ただ、ホーチミンでは連泊する予定でいたのがここでネックになった。コスパはいいのだけれど、二泊もするとなると結構いい値段になってしまうからだ。

そこで僕は一計を案じた。マジェスティックへは一泊だけにして、もう一泊は安宿で済ませればいい。複数のホテルを泊まり歩く作戦である。

この作戦、僕はしばしば実践している。同じ街に二泊以上する場合には、途中でホテルを変えるのも悪くない。飽きずに新鮮な気持ちになれるし、今回のようにランクの違うホテルでも限られた予算内で体験できたりもするからだ。

ちなみに、その際には泊まる順番は案外重要となる。

先にいい方へ泊まってはいけない。最初は安宿で我慢することで、高級ホテルへ移ったときのありがたみがより大きなものとなる。逆パターンだと、きっとストレスがたまる。やはりランクアップをしていく形式がベストだろう。

また今回のケースでは、一泊目の方を安宿にした方が好都合という事情もあった。どういうことかというと、バスである。オープンツアー・バスが到着するシン・ツーリストのオフィスはデタム通りにあるのだ。この通りの周辺は、古くからバックパッカー向けの安宿が集まるエリアとして発達してきた。バンコクのカオサンと並び称されるほどの、アジアの安宿街なのである。

翻ってマジェスティック・ホテルが位置するのは、新市街のドンコイ通りだ。デタム通りとはエリアが異なり、距離も離れている。空路でホーチミンへ入るなら話は別だが、バスで到着するとなると、デタム通り近辺の宿の方が到着した足ですぐにチェックインできて効率がいい、というわけだ。

バスがホーチミン市内へ入ると、交通量がグッと増えた。まるで暴走族の一団のようなバイクの群れを見るのはハノイ以来だ。今朝まではダラットにいただけに、目の前に広がる世界のあまりの変貌ぶりに呆然としてしまう。お上りさんの心境である。

「ああ、都会だなあ」

と、僕はつぶやいた。なんだか他人事のようだが、まだ現実味が湧いてこないのだ。

南北約千八百キロの旅路が終わろうとしていた。とはいえ、フィナーレの瞬間は案外呆気ないものだ。マラソンのようにゴールにテープが張られているわけでもない。大して感傷に浸ることもなく、目的地へ辿り着くのもいつものことである。

バスはブイビエン通りから右折する形でデタム通りへ入った。交差点のそばには見慣れない洒落た建物が立っていて、よく見るとそれはスターバックスだった。いつの間にオープンしたのだろうかと目を細めていると、やがてバスが停車して、そこがゴールのシン・ツーリストのオフィス前であった。以上、終了——。

無事の到着を喜ぶのも束の間、バスを降りて荷物をピックアップしたらさっさと立ち去る。旅の余韻に浸るのは後に取っておいて、まずは宿へチェックインしたい。

予約したホテルはすぐ近くに位置しているはずだった。一度ブイビエン通りへ戻り、デタム通りとは平行する細い路地へ入る。ホーチミンへ来るときは、だいたいいつもこの辺りに泊まるのだ。

実は同じ通りには常宿にしているミニホテルもあるのだが、予約サイトで検索するとそこは満室なのかヒットしなかった。仕方ないので近場で適当に選んだホテルである。一泊二十ハドルという手頃な料金が決め手となった。

つまり、初めて泊まる宿なのだ。ところが、ここで意外な展開が待っていた。

「——あれ、前にも来たことがあるような」

辿り着いて建物を目にして、僕は既視感に囚《とら》われた。レストランの目の前という立地や、階段を上った先に入口があるレイアウトなど、記憶の中の光景ととても似ている。おかしいなあと訝りながら中へ入ってみて、謎がすべて解けた。

なんと、ここここそが僕の常宿だったのだ。古い看板の形跡が残っていた。どうやら名前を変更して、内装もリニューアルしたようだ。検索しても出てこなかった理由も頷ける。オーナーが変わったとか、そういう理由だろうか。来たことがあるどころか、何度も泊まっている宿だったというオチである。なんてこった……である。

ちなみに新しい名前は「Eden Garden Hotel」となっていた。いかにもベトナムらしいホテル名だなあと思う。名前に「エデン」が付くホテルはベトナムにとくに多い気がする。エデンと、ほかにもあとは「ビューティフル」もよく目にする。

いずれにしろ、ありふれた名前である。それゆえに、常宿と同じところだとは気がつかなかった。いやはや、ずっこけそうに

昔ながらのバインミー屋台も、いまや安宿街ならではの光景かも。

なる。

リニューアルしたとはいえ、部屋のつくりなどは以前のホテルとほとんど変わりがなく、常宿にするほど気に入っていただけに不満はない。価格の割には綺麗だし、窓がしっかりあるのも大きなポイントである。ベトナムの都市部では、安い部屋だと窓がないことが多いから要注意なのだ。

チェックインの際にはパスポートを預けるように指示された。返却はチェックアウトの時で、それまでフロントで保管するのだという。ホーチミンで泊まるときにはいつもそうなのだが、考えたらここまで旅してきたベトナムのほかの街ではすぐに返してくれたのだった。なぜかは不明だが、ホーチミン限定の対応のようだ。

「パスポートを持ち歩くのは危ないですからね」

フロントのお姉さんに理由を問い質すと、そんな答えが返ってきた。なんだか煮え切らない回答だが、郷に入っては郷に従えの精神で大人しく従うことにする。

ホーチミンへ着いたら済ませたいことがいくつかあった。中でも最重要なミッションは何かというと、洗濯である。着るものの在庫が尽きかけていて、すでに明日の着替えもない状態なのだ。

移動続きの旅程だったから、洗濯をする暇がなかった。いや、やろうと思えばできたのだが、面倒くさくて後回しにしていたのが正直なところだ。

ホーチミンならば、洗濯屋さんのアテがあったことも大きい。宿から近いブイビエン通り沿いに、行きつけの洗濯屋さんがあるのだ。ホテルのランドリーサービスに出すとそれなりにコストもかかるが、街の洗濯屋さんなら格安である。

とはいえ、もう旅も終盤なので着終わった衣類を全部洗う必要もなかった。残りの日数から逆算して、Tシャツや下着を何枚かピックアップして店へ持ち込んでみた。

仕上がりは明日の夕方五時以降になるという。意外と時間はかかるので、一泊だけだと難しく、今回のように連泊するからこそできる芸当と言えた。

せっかくなので洗濯屋へ寄ったついでに散歩もしてみる。ブイビエン通りをそのまままずっと先まで進み、迂回して平行するファングーラオ通りへ入る。ぐるりと一周するような形でホテルまで戻るコースはマイ定番と言える。

そうこうするうちに、だいぶ陽も傾いてきて、街は夜の装いへと移行し始める。バスがホーチミンへ到着したのは夕方四時過ぎと、結構遅めだったのだ。安宿が集まったこの界隈《かいわい》には外国人旅行者向けのバーが数多く、あちこちでハッピーアワーを報《しら》せる看板が掲げられている。つまりは、そういう時間帯である。

高地だったダラットから気温がグッと上がり、ホーチミンでは完全に南国モードに入った。

きっと、ビールも美味しいだろうなあと羨望の眼差《まなざ》しを送る。

普段ならまだ仕事をしている時間帯だが、旅行中ぐらい無礼講で早くからビールを飲んでも罰《ばち》は当たらないだろう。ハッピーな気持ちになりたくて、僕は吸い寄せられるようにして一軒のバーへ入り、通り沿いの席を陣取った。

ホーチミンということで、ここはやはりサイゴンビールを頼もうかなと思ったら、メニューにはグリーンとレッドの二種類が記載されていた。グリーンが一万二千ドン、レッドが一万八千ドンとなっており、値段が結構違う。うーむ、何が違うのだろうか。

普段なら安い方を選びがちだが、無事に縦断旅を終えた祝いの意味を込めて、あえて高い方のレッドを頼んでみた。すると、ラベルに「Export」と書いてあった。なるほど、レッドラベルは輸出用ということか。

ともあれ、祝杯を上げる瞬間がようやく

ブイビエン通りは相変わらずの騒がしさ。
いつもここをウロウロ。

やってきた。ホテルを探したり、洗濯ものを出したりと、地味にやることが色々あって、千八百キロを走破して辿り着いた実感が全然なかったのだ。ようやく落ち着いてカンパイができる。

ぐびぐびぐび——シャキッと冷えたビールが美味しくて、僕は顔をほころばせた。ベトナムで飲んできたビールは毎日美味しかったが、今日は殊更《ことさら》である。いささか大げさながら、この一杯を飲むためにここまで旅してきたと言ってもいいほど。

冷静に考えたら、縦断旅といっても、ただバスを乗り継いできただけである。とくに苦労しているわけではないし、多少の時間とお金さえあれば誰でもできる旅だよなあと自覚もしている。

けれど、だからといって卑下する必要もないだろう。旅をした本人が楽しければ、それでいいではないか、と開き直ってみる。やり遂げた達成感に満たされながら飲むビールがこれほど美味しいとは！　と快哉《かいさい》を叫んでみる。

すぐに飲み干してしまい、二杯目はローカル用のグリーンラベルのサイゴンビールを頼んだ。値段こそレッドラベルよりも安いものの、味にはほとんど違いがないように感じられる。というより、早くも酔いが回ってきたせいで、味を比較するどころではなくなってしまったのが真相だったりもする。

（14）ハブ・ア・ナイス・ステイ！

縦断旅行は終えたものの、ベトナムの旅自体はまだ続く。

ホーチミン二日目の朝は、一杯のコーヒーから始まった。デタム通りとファングーラオ通りがぶつかる交差点の角に、「ハイランズコーヒー」というベトナムの有名チェーンを見つけたのだ。こういう文明的な店はハノイ以来で、久々に都会気分に浸りたくなり、僕はいそいそと中へ突入した。

カフェスダーのスモールサイズが一杯二万九千ドン。ローカルの喫茶店で飲むのよりは割高ながら、クーラーの利いた現代風の店にしては手頃な料金だと感じた。それを飲みながら涼みつつ、この日どうするかのプランを練り始める。

今日の目玉はなんといってもホテルである。憧れだったマジェスティック・ホテルへ泊まるのだ。せっかくだから、なるべくゆっくりめのステイとしたい。遠くまで出かけるのは控え、ホテルを起点にしたうえで行動範囲を定めたいところである。

そうなると、この日は新市街を旅の舞台とするのが良さそうに思えてきた。同じホーチミンでも、新市街まで行くと、安宿街であるデタム通り周辺とはまったく違った風景が広がる。

この際、二つのエリアを比較してみるのもおもしろそうだ。

ベトナムのガイドブックをぱらぱらめくると、大抵は新市街の方がメインで紹介されており、安宿街の扱いは少ない。一般的な日本人旅行者からすれば、新市街の方が王道なのだと思う。

ところが、僕にとってのホーチミンは逆に安宿街のイメージの方が強い。というより、よくよく考えたら、初めてこの街を訪れて以来、一度も新市街に泊まったことがなかった。なんと初めての新市街泊なのである。

宿に戻ってチェックアウトをし、タクシーを呼んでもらう。歩いて行ける距離ではないし、行けたとしても、徒歩で乗り込むのはなんだか憚《はばか》られる。変なところでいい格好をしたくなるのは我ながら悪いくせだ。

時間はまだ正午前で、チェックインには少々早い。門前払いされそうだが、部屋へ案内してくれたらラッキーである。ダメ元で行ってみることにした。

ドンコイ通りは東京でいえば銀座のようなところで、ホテルやレストラン、土産物屋、高級ブティックなどがずらりと並ぶ。ハイソで賑やかなところだ。この通りをずっと南下していくと、やがてサイゴン川に突き当たる。マジェスティック・ホテルが立つのは、川の目の前の角のあたりである。

タクシーで行く場合にはドンコイ通りではなく、川沿いの道からアクセスするのがセオリーのようで、安宿街から向かうと最終的に左折をしてホテルの目の前に乗りつける格好になった。

クルマが停まると、すかさずベルボーイが寄ってきてドアを開けてくれる。

「お荷物はこれだけですか？」

と念を押されたので、イエスと頷いた。

移動続きの旅だからと、カバンは極力小さいものを選んでいる。今回は三十五リットルサイズのソフトキャリーだ。機内への持ち込みにも対応するほどの小さいカバンで海外旅行をする者は珍しいようで、こうしてたまに驚かれたりもする。

ベルボーイのあとについてホテルの中へ入る。憧れのホテルといよいよご対面。

第一印象からして引き込まれるものがあった。予想通りのクラシックな内装だが、予想以上にゴージャスだ。おおっと、どよめきの声が出そうになるのを堪《こら》える。田舎者と思われるのも癪なので、あくまでも泰然自若の風を装った。

ちょうどチェックアウトもあらかた終わった時間帯だからか、レセプションは空いていて、すぐに僕の番がやってきた。パスポートを提示し、チェックインしたい旨を伝える。すると、なんとすぐに部屋へ入れると言う。

本当にラッキーな展開になるとは！　ダメ元で早めに来て良かった。引き続き平然とした態度を保ちつつ、僕は心の中でガッツポーズを決めた。

「用意しますので、あちらで少しお待ちください」

そう促され、ソファで寛ぐ。やがてウェルカムドリンクが運ばれてきた。パッションフルーツのジュースで、甘酸っぱくて美味しい。

改めて自分がいる空間を観察してみる。天井からはシャンデリアが吊され、壁にはステンドグラスがはめられている。風格が漂うコロニアル様式の建物だ。床がピカピカに磨き上げられているのにも感心させられる。ちょっと目映《まばゆ》いほどである。

そうこうするうちに、先ほどのスタッフが

憧れだったマジェスティックへ。宿泊自体が観光になるお得感。

やってきて、部屋へ案内してくれることになった。エレベーターの中では、朝食は六時からとか、プールとジムは一階にあって無料だとか、色々と説明を受けたのだが、あまり頭に入ってこない。なんだか妙にそわそわしてしまう。物珍しさからついキョロキョロしてしまう。

別に高級ホテル自体が初めてというわけではない。けれど、今回の旅では安宿ばかりを泊まり歩いてきた。それらと比べると、あまりに格が違いすぎるというか、別の世界へウッカリ迷い込んでしまったようで、戸惑ってしまったのだ。

しかし驚くのはまだ早かった。極めつけは部屋である。

中へ足を踏み入れて、まずその広さにのけぞりそうになった。

かなり大きな執務机があって、その前にはソファとテーブルが置かれているのだが、それでも余りあるほどスペースがある。広すぎて落ちつかないほどだ。

「あれれ、ベッドがない……？」

と早合点したが、寝室は別になっていた。二部屋もあるなんて一般的なホテルならスイートルーム級だが、これでスタンダードな部屋だというから呆気に取られる。

「このミネラルウォーターはコンプリメンタリーで……」

案内してくれた女性の説明が続く。僕のでたらめな英語力では太刀打《たちう》ちできないレベルの、ほとんどネイティブなのではないかと思うほど流暢《りゅうちょう》な英語で、ますます呆気に取られた。

結局、僕がポカンと口を開けながら聞き入っているうちに、女性は一通りの説明を終え、

「ハブ・ア・ナイス・ステイ！」

と笑顔で言い残しつつ部屋から去っていったのだった。

そういえばチップを渡すのを忘れたかも、と後になって気がついたがもう後の祭りで、とにかく僕は情けないぐらいにボー然としてしまったのである。

一人になってみて、改めて冷静に室内を見回す。やはりどう考えても一人で泊まるには広い。汚す前に写真を撮っておこうとカメラを取り出した。宿にチェックインをしたらまず写真を撮るのが習慣になっているのだが、空間が広すぎていつもと勝手が違う。どういう風に撮ればいいのか頭を悩ませてしまった。

立派な執務机にも心奪われるものがあった。作家の開高健氏は、かつてこのホテルに滞在していたという。まさにいま僕が座っているタイプのこの執務机で、原稿を書いていたのだろうか。

机の上にPCを広げ、文豪になったつもりで意味もなくキーボードをパチパチ打ってみる。すると、心なしかいつもよりいい音がした。外の物音が聞こえない静かな環境も魅力的だ。ここなら仕事も捗りそうだなあ。

先ほどの女性がネット接続が無料だと言っていた。ネット環境に関してはむしろ中級以下

の宿の方が利便性が高かったりもする。高級ホテルになるとお金を取るところも少なくないことを考えると、良心的と言えるだろう。

しかもＷｉ－Ｆｉへ繋ぐ際にパスワードが不要で、繋いだ直後に別途ログイン画面を経由するシステムでもない。通信速度も速いし、こういう細かい部分でもストレスフリーというか、格の違いを見せつけられた気がした。

ただ古いだけでなく、時代に合った機能性や使い勝手を追求している点はさすがだ。そういえば、ホテルの裏手には新たにタワー型の新館も増築中なのだと聞いた。地元では反対意見も多いそうだが、変化を拒むのではなく、常にチャレンジ精神に溢れる姿勢でいる方が僕には好感が持てる。

結局、部屋の写真だけで数十枚も撮ってし

一人で使うにはあまりに広すぎる客室。広角レンズに換えてパチリ。

まった。博物館を観光したような満足感が得られたが、ハッスルしたせいでそろそろお腹も空いてきた。外は天気が良さそうだし、街の散策へ出発することにした。

ドンコイ通りは街路樹が植えられ、散歩して気持ちのいい並木道だ。きちんと歩道が設けられているおかげで、歩きやすいのが何より素晴らしい。

昨日散策していた安宿街のブイビエン通りなどは、車道と歩道の区別がほとんどなかった。前から後ろからバイクがやってきて、注意していないと轢かれそうだった。まあ、あれはあれでベトナムらしいスリルが味わえるのだとも言えるが、余計な心配はせずにのんびり歩ける方がやはり気楽だ。

散歩をしていると、「コンニチハ」と日本語で客引きに声をかけられたのも新鮮だった。これまではだいたい「ニーハオ」だったのだ。

ドンコイ通り周辺には土産物屋が多く、看板には大抵日本語が併記されている。中国人観光客の勢いに押されがちな現状ながらも、この界隈だけはまだかろうじて日本人が幅を利かせているのかもしれない。

何度も来ている街だと、地図を見ずとも行きたい場所へ辿り着ける。ぶらぶらしながら最初にやってきたのは、N店だった。観光客には有名なレストランだが、悪口を書くのであえて店名を出すのはやめ、イニシャルのみに留めておく。

店頭にはバゲットがうずたかく積まれていた。あれに肉や野菜などを挟んだバインミー、すなわちベトナム風サンドイッチがこの店の名物で、それを食べようとわざわざやってきたのだが、結果、嫌な気持ちにさせられてしまった。

・なかなか注文を取りに来ない。
・注文した内容を間違える。
・会計の際に本来の金額よりも高く請求する。

思わず箇条書きにしてしまうほど不備が連続して、僕は眉をひそめた。一言でいえば、店員に難あり。とくに三つ目に挙げた会計時のトラブルは酷かった。目の前でメニューと照らし合わせながら総額を計算したのだが、小学生でもわかりそうな簡単な足し算を盛大に間違えていた。間違えたのではなく、故意なのではないかと訝るほどだった。だとしたら、いわゆるボッタクリということになる。

いくら味が美味しくても、こうもいい加減な対応をされると萎えてしまうのが正直なところで、再訪はないかもなあという感想だった。

——以上、悪口おわり。

なんだか悔しかったので、続いて口直しを兼ねてソイガーの店をはしごした。ソイガーとは鶏おこわのことである。もちっとしたお米に、鶏のむし肉が載っている。適当に入った名前も不明なローカルなお店で、あまり期待もしていなかったが、食べてみるとこれがとんでもなく美味しくて一気に機嫌が直った。

この手の「チキンが載ったご飯もの」はアジアでは王道メニューで、各国で食べられている。そして大抵は外さないというか、失敗の少ないメニューでもある。たとえばタイ料理のカオマンガイは僕も大好物だし、台湾の鶏肉飯なども夜市へ行くたびに食べるほどお気に入りだ。

ソイガーは小ぶりなお碗で出てくることが多く、それだけではお腹がいっぱいにならない。二軒目の自分としてはちょうどいいサイズだ。バインミーを食べたばかりだというのに、ぺろりと平らげてしまった。

食べたり撮ったりしながらの気ままな街歩きを継続する。

街のあちこちにフェンスが設置されていて、おやっと目をみはった。そのせいで、道がところどころ塞がれ、先へ進めなくなっている。それは鈍感な僕でも気がつくほどの風景の変化で、どうやらかなり大規模な工事のようであった。

書かれた英語の説明を読んで、なるほどと得心する。

　地下鉄を作っているのだという。

　そういえば、宿泊しているマジェスティック・ホテルでもタワー型の新館を建築中だった。ホーチミン市全体に再開発の波が来ているのかもしれない。地下鉄が開通した暁には、きっと街は大変貌を遂げるだろう。フェンスには開発後の完成予想図が描かれているのだが、それを見ると近代的な未来都市を思わせられる。

　いよいよベトナムも本格的に新時代へ突入しそうな予感を抱く。

　それは近隣諸国が通ってきた道でもある。変わりゆく街並みに置いていかれないように、旅人も進化していきたいところだ。アジア通

地下鉄を建設中のホーチミン。フェンスには日系ゼネコンの名前も。

いを続けるのならば、いつまでも懐古趣味にばかり浸ってはいられない。

フレンチコロニアル風なホーチミン市人民委員会の建物の前には、この国の英雄ホーチミンの銅像が立っている。観光客には定番の記念撮影スポットで、僕も来る度につい撮ってしまう。そこを過ぎてレロイ通りをさらに西へ進んでいくと、やがてロータリーにぶつかる。すぐ右手に立っている大きな建物がベンタイン市場である。

ここは街の中心部の便利な場所にあるせいか、いつも用もないのに立ち寄ってしまう。吸い込まれるようにして市場の内部へ突入してみる。そうして、目の前に広がる光景を見て、僕は懐かしい気持ちに駆られた。

「ここだけは変わっていないなあ」

と、つぶやく。自分が知っている光景がまだ残っていたのだ。

初めてホーチミンを訪れたときから、かれこれ十数年の月日が流れている。街は変貌を遂げつつあるが、ベンタイン市場は当時からほとんど進化していない。時が止まったかのような空間に身を置くと、心が安まるのだった。

市場内のレイアウトを俯瞰《ふかん》するとスクエアな形をしている。中央に十字を書くようにして東西南北の大きな通路が走り、路地へ入ると商品ジャンルごとにブロック分けされている。構造自体はシンプルで慣れれば簡単そうなのだが、あまりに巨大なためつい方向感覚を失いがちだ。

とはいえ、こういう市場ではあえて迷子になってみるのもおもしろい。路地から路地へと気ままに渡り歩いていく。ぐるぐるしているうちに、

「あれ、ここさっきも通ったような……」

なんて事態になったりもするのだが、それもご愛敬だ。

衣類や雑貨など、市場内ではさまざまな品物が売られている。商品ラインナップは実に幅広いのだが、観光客向けの市場であるせいか、全体的に値段は相場よりもお高めな印象を受ける。僕も昔はここでよく買い物をしたものだが、最近は見るだけになってしまった。ただし、何も買わずともそれなりに楽しめるし、時間をつぶすには最適なスポットではないかと思う。

一通り見学をして、そろそろ市場から撤収しようとしたときのことだ。頭上から轟音《ごうおん》が聞こえてきた。入口付近を遠くから覗き見て、状況を理解する。どうやら雨が降ってきたらしい。水滴が屋根を打ちつける音が場内に鳴り響いているのだ。

東南アジアではお馴染みのスコールで、雨足はかなり強烈だった。例によって傘なんて持ち歩いているはずもなく、このまま外へ出るのは自殺行為に思えた。

こういうときは焦っても何もいいことはないのだと、僕は体験的に学習していた。幸いに

も室内にいるのだから、雨が弱まるまでじっくり待てばいい。

ベンタイン市場には、飲食店が集まった一画もある。何か飲み物でも飲みつつ雨宿りをしようと、その一画へ向かうと、やたらと人がたくさん集まっている店が視界に入った。なんだろうかと気になったので、野次馬根性を発揮して近づいてみる。

白色をしたパッと見お餅のような食べ物が並べられていた。看板にはバインベオと書かれている。その場で検索してみると米粉を蒸したものだと分かった。ガイドブックにも載っており、干しエビなどを加えたものだと書かれている。

その店は超人気店らしく、客足が絶えなかった。次々と人がやってきてはテイクアウトしていく。一人で何十個も買って行く客もいた。

自分の中で、美味しいものに反応するセンサーがビビビッと鳴った。

食べてみたい！　という衝動が抑えられなくなる。

店にはイートインスペースもあって、ちょうど一席だけ空いていた。その席を素早く確保して、店のおばちゃんに指差しで注文する。

「一人前か？」みたいなことをベトナム語で訊かれたので、「一人前ね」と日本語で返した。言葉が分からずとも、こういうときは不思議と意思疎通ができる。

バインミー、ソイガーと食べ続けてきて、これでもう三食目である。どれも炭水化物なのが若干引っかかるが、この際気にしてはいられない。

三食目にもかかわらず、一気に完食してしまった。一人前で一万八千ドンだという。早くて、安くて、そしてウマい。リピートしたい絶品料理に出合った。

バインベオはフエの郷土料理なのだという。そのことを知って、僕は衝撃を受けた。フエへはつい先日行ってきたわけだが、バインベオなんて食べる機会がなかった。というより、存在に気がついてもいなかったのだ。これほどウマいものを食べ逃していたとは——我ながら何を見ていたのかと情けなくなる。

食べているうちに何か飲み物が欲しくなった。スパイシーな味付けだからビールにも合

ビニール袋に入れ輪ゴムで密封する。アジアではお馴染みの販売法。

いそうだが、自粛してミネラルウォーターを注文する。

ところが、ベトナム製のペットボトルはつくりが雑で、蓋がなかなか開かなかった。四苦八苦している僕を見かねたのか、店のおばちゃんが「貸してみて」みたいなことをベトナム語で言った。大人しくペットボトルを渡すと、おばちゃんは何でもないようにクイッと開けてくれたので、僕は「カムオン」と今度は拙いベトナム語でお礼を返したのだった。

雨が止んだのを見計らってふたたび雑踏へ足を踏み出す。

市場前のロータリーからさらに西へ進むと、やがて安宿街のあるファングーラオ通りが見えてくる。新市街からだと結構な距離になるが、散歩がてら向かうのならばほど良く楽しめるし、それなりに歩き甲斐《がい》のあるコースだと感じた。

なぜ、わざわざまた安宿街までやってきたのかというと、洗濯物を回収しなければならないからだ。昨日のうちに洗濯屋さんに出してあった衣類が、今日の夕方には仕上がる手はずになっていた。

考えたら、高級ホテルに泊まっているくせに、やっていることは普段とあまり変わらない。ぶらぶら街歩きをしながら、お腹が空いたら屋台飯にトライする。挙げ句の果てには、用事があるとはいえ結局こうしてまた安宿街へ戻ってきてしまった。

無事に洗濯物をピックアップした頃には、またしても雨がぱらつき始めた。来た道を引き返す元気もないし、帰りはさすがにタクシーを拾うことにした。

ところが、クルマがなかなか捕まらなかった。

「ハローマッサ〜？」

空車のタクシーを探してブイビエン通りを右往左往しているときのことだった。何度かそんな風に声をかけられた。マッサージ店の勧誘である。

最後の「ジ」を省略するところや、尻上がりのイントネーションなどが、まるでタイのマッサージ店の客引きのようで懐かしくなったが、ベトナムの女性たちはタイ人とは比べものにならないほど押しが強かった。僕が傘を持っていないのをいいことに、傘を手にこちらへ駆け寄ってきて、相合い傘をしながら店へ連れ込もうとする。

ノーサンキューと断りながら、彼女たちをなんとか振り切り、ようやく逆方向からタクシーが一台走ってきたのでそれを呼び止めて飛び乗った。すると、今度は渋滞にはまってしまい、クルマが先へ進まなくなった。夕暮れどきのこの時間帯は、通勤・通学ラッシュで道路が混雑するようだ。

ぐるりと迂回をする形で新市街へ向かう。サイゴン川の前の道へ出ると、交通量がさらに激しくなってきた。道路が端から端までぎっしりバイクで埋め尽くされている。

ベトナムの道路は右側通行で、目指すマジェスティック・ホテルは進行方向の左手に位置していた。つまりどこかで左折しなければならないのだが、逆車線もとんでもない交通量のため、クルマは曲がれそうな気配がない。

「そこに停めるので、あとは歩いて渡ってくれないか？」

やがて痺れを切らした運転手がそう申し出てきた。いまの状況だと、クルマで左折するのは無理だという。僕は承諾して川側の歩道に降ろしてもらった。

ところが、これが大失敗だった。

クルマを降りてしまったことを本気で後悔した。

「こ、これは……渡れないかも」

片側三車線はある大きな道路が、暴走するバイクでスキマなく埋め尽くされている。走っている当人たちは別に暴走している自覚もないのだろうが、異国から来た者の目には暴走族の集会にしか見えない。右から左からテールランプの赤い光が洪水のように流れていく。ぶおんぶおんとエンジン音が轟き反響して夜空にこだまする。

そんなところへ身一つで飛び込まねばならないのだ。

道路上にはいちおう横断歩道らしき白い線も引かれているが、信号機は存在しない。渡るそぶりを見せたとしても誰一人として停まってはくれない。

僕は泣きそうになった。いわゆる「無理ゲー」というやつだ。

ベトナムは横断するのに勇気がいる国である、と再び書いてみる。

北から南まで縦断する形で今回改めてじっくり旅したことで、その勇気が得られたつもりでいたのだが、それもどうやら気のせいだったようだ。

どれぐらいの時間、そこに突っ立っていただろうか。バイクの波がわずかに途切れた間隙を狙って何度か渡ろうと試みた。けれど、一歩、二歩、三歩——と進んだところで怖くなって引き返すという醜態を繰り返すだけだった。

横断できない道路を挟んですぐ向かいには、マジェスティック・ホテルの雄姿が見えていた。目と鼻の先にあるのに手が届かない。届いたと思ってもまた遠のいていく。歴史ある白亜の建物がライトアップされて夜空に浮かび上がっていた。夜景もまたとびきり美しいのだが、いまはその美しさがちょっぴり恨めしいのだった。

終章　南下を終えて

(15) 旅の終わりにお祭りを

陸路の旅をしてきた者にとって、空港へ向かう瞬間は感慨深いものがある。ここまでの道程を振り返りながら、

「ああ、旅も終わりなのだなあ……」

と、後ろ髪を引かれるのはいつものことだ。

それまでがじっくりペースだっただけに、飛行機の移動速度の速さにも戸惑いを覚える。何日もかけて進んできた道のりを、たった数時間でびゅんとひとっ飛び。まるでワープしたかのようで、呆気ない気持ちにもなる。

僕はホーチミンの空港から飛行機に乗った。行き先は東京——ではなく、ダナンである。東京までの直行便もあるのだが、あえてダナンを経由する遠回りのルートを選んだのは、往生際の悪さの表れと言えるかもしれない。

「まだ終えたくない……あと少しだけ」

すでに大団円を迎えたはずなのに、下りかけた幕を再び上げて舞台へ躍り出る。音楽ライブに喩えるなら、アンコールのような感覚である。

ダナンの空港へ着いたらホイアンへ移動して、最後にもう一泊。帰国は翌日の便を予定している。縦断旅行本編は完結したが、ベトナムの旅はまだ終演していない。

搭乗したのはベトナムの国内線だ。日本行きの便ではないにもかかわらず、機内にはやたらと日本人客の姿が多くておやっと目をみはった。それも、中高年のツアー客ばかり。日本では名の知れた大手旅行会社のロゴが入ったバッジを身につけている。添乗員らしき青年も付き添っていた。

なるほど、きっと彼らの目的は僕と同じだ。この日に合わせて組まれたツアーの参加者なのだろう。ホイアンでは月に一度、満月の夜に「ランタン祭り」が開かれる。それが今夜に控えていた。

ホイアンは今回の縦断旅で訪れた街の中でも、とりわけ満足度の高かったところだ。旅の最後を、お気に入りの街の名高いお祭りで飾る。アンコールの舞台としては、これ以上ないほどにお誂《あつら》え向きに思えた。

ダナンの空港に到着したのは正午前のことだった。国内線なのでイミグレーションなどもなく、荷物をピックアップしたらすぐに外へ出た。

同じ便だった日本人ツアー客は添乗員に連れられてどこかへ行ってしまった。恐らく専用のバスが待機しているのだろう。ちょっぴり羨ましくもある。出迎えなんているわけもない孤独な旅人は、ここからは自力でなんとかするしかない。

ダナンの空港へ降り立ったのは初めてだった。それゆえ、勝手がよく分からない。手元のガイドブックで調べると、空港からホイアン市内まではバスが走っていると書かれていた。それに乗るのが無難だろうなあ、とバス停を探して歩を進める。

「タクシー？」

すると、案の定ちらほらとお声がかかった。ハノイやホーチミンの空港に比べたら客引きにそれほど勢いはないが、乗客の絶対数が少ないため、相対的に僕のような外国人の姿が目立つようだ。彼らの注目を集めていること

タンソンニャット国際空港。国内線は旧ターミナルビルに発着する。

がひしひしと伝わってくる。

「いや、バスに乗りたいんだけど……バス停はどこですか？」

逆に質問してみる。ところが僕が訊ねた若い男は、近くにいた中年オヤジに確認すると、こちらに向き直ってかぶりを振った。

「今日はバスは来ないですよ」

えっ……そうなの？　またまたご冗談を、と僕はたちまち疑いの顔に変わる。

こういうとき、相手の言うことを素直に信用できないのは旅をしすぎたせいだろうか。旅先ではお約束とも言える展開に思えたのだ。ついつい疑心暗鬼になる。本当は来るのに、タクシーに乗せたいがために嘘をついているのではないかと。

念のため、別の男にもまったく同じ質問をしてみた。

「……バス？　バスだと遅いですよ。二時間はかかるんじゃないかな」

今度はバスがあるかどうかではなく、バスそのものをオススメしないといった反応が返ってきた。ううむ、と僕はうなだれる。ここまで否定されると、バスに固執するのも馬鹿らしくなってくる。僕は訊ねずにはいられなかった。

「タクシーだと料金はいくらですか？」

「ホイアンまでなら……三十万ドン」

と、男は言った。答えるまでに一瞬の間があったような……。

僕は頭の中で咄嗟に算盤を弾いた。相場はまったく知らないが、距離を考えれば三十万ドンは妥当な金額に思える。周囲をパッと見回した限りでは、バスなんてどこにも停まっていない。待てばそのうち来るのだとしても、男の言う、時間がかかるという話も事実であり、さほど誇張しているわけでもなさそうだ。

「オーケー、じゃあ乗ります」

僕は首肯した。相手の術中にまんまとハマっている気もしないではないが、いつまでもここでスタックしていても時間の無駄だ。

男は僕のカバンをクルマのトランクに詰め込むと、そばの柱に寄りかかっていた男たちの集団に声をかけた。そうして、集団の中から一人がツカツカやってきて、クルマの運転席に乗り込んだ。なるほど、客引きと運転手は別々らしい。

ホイアンのどこまで行きたいのかを客引き担当の男に訊かれ、僕はホテル名を教えた。それを男が運転手に伝えるような会話があってから、いよいよクルマは空港を出発したのだった。

空港の敷地内から出るところで、見慣れたカラーリングをしたクルマとすれ違った。それが、「ビナサン」というベトナムでは有名なタクシー会社のクルマだと分かって、僕は一瞬ハッとなった。

ハノイやホーチミンでタクシーを利用するときは、このビナサンと、あとは「マイリン」という会社のいずれかを意識的に選ぶようにしていた。悪徳なタクシーが多く、トラブルが絶えないからだ。このことはガイドブックにも書かれているほどで、評判のいい会社のクルマを狙いうちするのは、この国を旅するうえでセオリーと言える。

ところが、そんな基本的なこともすっかり失念していた。

――適当に乗ってしまったけど、大丈夫だろうか。

置かれた状況を把握して、途端に不安になってきた。僕自身、過去に何度か痛い目に遭っている。ベトナムのタクシーは鬼門なのだ。ましてや空港から乗るとなれば、細心の注意が求められる。

――まあでも、ここは田舎だし、きっと大丈夫……のはず。

なんの根拠もないけれど、そんな風に楽観的に構えることにした。もう乗ってしまったわけだし、いまさらどうにもならない。

空港は街外れに位置しているようで、タクシーはダナンの市街地はほとんど通らずに海沿いの道へ入り、ホイアンへ向けて北上を始めた。

運転は荒い。とにかく荒い。クルマがぶっ壊れるのではないかと不安になるほどのスピードでかっ飛ばす。前を走るクルマやバイクに追いつくと、クラクションを鳴らしまくり、わずかなスペースを見つけては果敢に追い越しを図る。

典型的なアジアのタクシードライバーといった感じで、僕は苦笑いを浮かべた。後部座席にいるとはいえ、シートベルトをしっかりしめておく。

それにしても、車窓の風景が今朝までいたホーチミンとはまるで違う。建物と建物の間隔は広く、人口密度は非常に薄い。一言でいえば、田舎っぽい。「ぽい」というより、田舎そのものである。椰子の木が両サイドに林立する道は、しっかり舗装されているのだけれど、これが仮にダートであっても違和感を覚えないほどだ。

写真は比較的安全とされるマイリンタクシー。緑色の車体が特徴的だ。

――こんなに田舎だったっけ……？

前回の滞在からまだ一週間も経っていないのだが、旅人の記憶は早々と更新されてしまったようだ。大都会のホーチミンから飛んで来たせいで、余計に景色の変化に敏感になっているのかもしれない。

とはいえ、クルマがホイアンの街中へ入ると、いよいよ見慣れた景色が次々と現れ始めて僕は興奮した。

ああ、この風景……知っている！

記憶がたちまちフラッシュバックしていく。コーヒーを飲んだカフェ、写真を撮らせてもらった商店などなど――懐かしさに駆られ目を細めた。

自転車で何度も通り過ぎた馴染み深い交差点をクルマは右折した。ということは、次のT字路を左折かなと予想していると、その通りに運転手はクルマを左折させた。

何もかもが懐かしい。ホームグラウンドへ帰って来たような安心感。

ひとまずは、こうして無事にまたここへ戻って来られたことを心密かに祝う。

旅も最終日を迎え、自分にしては珍しく少しセンチメンタルな心境になっていたのだが――僕が甘かった。ベトナムの旅は最後の最後まで気を抜けない。

事件はクルマがホテルへ到着した直後に起こった。

タクシー代を支払うのに財布を広げると、細かいお札がなかった。仕方ないので、僕は五十万ドン札を運転手に渡した。三十万ドンで交渉して乗っていたから、お釣りは二十万ドンになるはずだ。

ところが運転手が返して寄越したのは、なぜか十万ドン札だった。

「えっ？　あと十万ドンは……？」

僕は首を傾げ、相手を問い質した。僕はベトナム語が分からないし、運転手は日本語も英語も分からないのだが、さすがに状況からこちらが何を主張しているのかを察したのだろう。運転手は抗弁を試みてきた。自分は何も間違っていない。料金は四十万ドンなのだと。足りないぶんの十万ドンを返す気はなさそうだった。

目の前で起こった予期せぬ展開に、僕はポカンとしてしまった。そして次の瞬間、ふつふつと湧いてきた怒りを抑えながら僕は言った。

「そしたら、まずは渡した五十万を返して」

一度全額返金してもらい、それをホテルのフロントで両替したのちに、三十万ドンを渡そうかなと考えたのだ。窓の外では、出迎えに現れたホテルの従業員が心配そうな顔でこちらの様子を窺っていた。お金がらみの案件で揉めているのは見ての通りだから、両替を頼んで断られることはないだろう。

ところが、運転手は返すそぶりも見せない。なおも言い訳めいた台詞を口にし続けるので、それを遮るようにして僕は毅然とした態度で抗議する。

「……ほにゃららら」（ベトナム語で言い訳中）

「返して」

「……ほにゃ、ほにゃ、ほにゃららら」（ベトナム語でさらに言い訳中）

「返せ！」

もちろん、日本語である。こういうときは言語はもはや関係ない。

僕が顔色を変えて詰め寄ったことで、運転手は態度を少しだけ軟化させた。やれやれ……といった感じで、ようやくお札を返してくれた。

ところがそれを見て、僕はさらに唖然とさせられた。なんと五万ドン札だったのだ。お釣りの追加分だとしても、合計で十五万ドンになるからまだ足りない。

プチン、と自分の中で音が鳴ったのが分かった。

「だからお釣りは二十万でしょう？　あと五万、返さないならポリスへ行こう」

海外旅行中にここまで切れたのは久しぶりだ。冷静に考えれば、たかだか五万ドンである。それぐらいなら、と割り切って泣き寝入りする旅人も少なくないだろう。

たぶん、ベトナムへ到着したばかりなら、もうしようがないなあと僕もあきらめていた気がする。しかしいまや縦断までしたことで、この国にも慣れてきていたというか、自分なりに向き合い方のようなものが確立されている。

どうしても許せなかったのだ。理不尽な輩《やから》には絶対に屈したくなかった。

攻防はそれからさらに三十分以上は続いただろうか。闘いの舞台は途中で車外へ移った。心配してくれたホテルのスタッフが、フロントからマネージャーを呼んできて、通訳をしてくれる形になった。

値段交渉をした男と運転手が別の人間だった時点で、念のため釘を刺しておくべきだった。旅先、とくにアジアではありがちなエピソードと言えるかもしれない。けれど、そんな風に分析できるのも冷静になった後の話であり、カッカしている最中は理性が吹き飛んでいた。

それは僕だけでなく、相手の男も同様だったと思う。向こうも向こうで完全に導火線に火がついた感じで、最早まわりが見えないというか、一切妥協をしないという決意が漲《みなぎ》っていた——その様を見て、さらに怒りがヒートアップしたのだけれど。

とにかく、お互いの主張は最後まで平行線のままだった。ホテルのスタッフが仲立ちに入らなければ、取り返しのつかないほど険悪な雰囲気になっていただろう。いまにして思えば我ながらリスキーな行動だった。いくら相手の言い分が理不尽とはいえ、外国人からしてみればアウェイな土地であり、無茶しすぎるのは得策ではない。

こういうとき、ほかの国ならば大抵は正義が勝つものだが、そうもいかないのがベトナムである。結局、この闘いの勝利者は運転手だった。僕があきらめたわけではない。相手がお金を返さないまま逃走したのだ。

決着の瞬間は呆気なかった。

これ以上話をしても埒が明かないからと、僕は警察へ駆け込むことに決め、運転手にもその旨宣言した。そうしてスマホでクルマのナンバープレートをメモ代わりに撮影すると――運転手は露骨に慌て始めた。ブツブツ何かを呟きながら、こちらの制止を振り切りクルマに乗り込むと、そのまま勢いよく発進させたのだった。

逃げられた……。その場で立ち尽くす。お金こそ戻ってこなかったものの、逃げたということは相手が自らの非を認めたと解釈することもできた。

「アナタの言い分が正しいと思います。気にしないでくださいね」

せめてもの救いだったのが、ホテルのマネージャーのそんな一言だ。

そう、言い分はこちらが正しい。でも、この国では正しいか正しくないかはあまり関係ない。勝てば官軍の世界。まんまとしてやられたのは事実だ。

後味の悪さが残ったが、同時にベトナムらしい事件だったなあという諦念も頭をもたげた。

自分が逆の立場なら、あそこまで外国人に詰め寄られたらきっと折れるに違いない。逞しいというか、敵ながら天晴れというか。あれほどまでの粘り強さは、ほかの国では滅多に見られないものだと思う。

国民性が違うから仕方ない——。

終いにはそう自分を納得させることにしたのだった。

ともあれ、気持ちを切り替えた方がいい。今晩はお祭りなのだ。

「ソーリー、ソーリー」

ホテルのスタッフが運転手の代わりと言わんばかりに、僕へ謝罪の言葉を重ねた。同じベトナム人として許せない、と憤りを隠さない。いえいえ、あなたはぜんぜん悪くないですから、とこちらが恐縮してしまう。

チェックインの手続きを済ませると、すぐに部屋へ入れるようで、案内してくれるという。

女性スタッフの後に続いて階段を上る。僕の部屋は三階建ての建物の三階で、三〇二号室だった。女性はニコニコ顔で施設の説明をしてくれた。揉め事に加勢してくれた恩を抜きにしても、スタッフの対応は感じがとても良く、好印象なホテルだ。

ところが、身支度を整え、部屋を出発しようとしたところでアレッと違和感を覚えた。渡された鍵をよく見ると、「３０１」という数字が書かれていたからだ。入室時は女性スタッフがドアを開けてくれたわけだが、この部屋は確か三〇二号室だった。

ベトナムは突っ込みどころの多い国である。

ひょっとして……間違っている？　廊下へ出て、改めて自分がいる部屋の番号を確認すると、案の定「３０２」と表示されていてガクッとなった。

色々あったけれど、がむしゃらな旅よりも、マッタリゆるゆるが好きなのです。

おわりに　——from H to H

本書の原稿を執筆している最中に、開通したばかりの北海道新幹線で函館を目指す旅に出かけた。南北方向の縦移動という類似点もあり、僕は車窓を流れる風景をぼんやり眺めながらベトナムの旅を懐かしんでいた。

東京駅から新函館北斗駅までが九百キロ弱というから、ベトナム縦断のほぼ半分程度の移動距離になる。ハノイを出発してフエ、ダナンと経由してホイアンへ辿り着いたあたりでだいたい全行程の半分ぐらい。ベトナムではそこまでに三日はかかったが、新幹線ならばたったの四時間強で走破してしまう。

異なるのは移動速度だけではない。日本の旅は実に気楽なものだ。理不尽な目に遭うこともないし、列車は時刻表の通り、一分の狂いもなく停車していく。

隣に座っていた女性は、ハンドバッグを座席に放置し、テーブルの上にスマートフォンを置きっぱなしにした状態で十分以上も離席していた。お手洗いへでも行っていたのだろうが、不用心で見ていてヒヤヒヤさせられた。

これがベトナムだったら——ついそんな思考をしてしまう。

油断のならない国である。たとえ警戒していたとしても、容赦なく災禍が降りかかってきたりもする。こちらの常識では推し量れないトンデモな出来事もしばしばだ。

けれど、そういった手強い部分こそが、ベトナムという国のおもしろさでもあるのだなあと、本書の旅を通じて僕はしみじみ実感したのだった。

『ハノイ発夜行バス、南下してホーチミン』という本書のタイトルを思いついた直接のきっかけは、名曲『津軽海峡冬景色』の歌い出しのフレーズだった。「上野発の夜行列車〜」が「ハノイ発の夜行バス〜」になって、そこからなんとなく変化というかアレンジをしていって、最終的にこのタイトルに落ち着いた。

これまた津軽海峡を越えて走る北海道新幹線を彷彿させるが、思いついたのは函館へ行くよりもずっと前のことで、ただの偶然である。

いずれにしろ単なるベトナム旅行ではなく、縦断旅行である点が本書の大きな特徴と言っていい。一ヶ所に滞在してのんびりするようなタイプの旅とはまるで違う。街から街へと移動を繰り返すことで、旅に疾走感が生まれる。スタートとゴールが明確だからこそ、完走したときに大きな達成感も得られる。

ハノイからホーチミンへ――その総距離は約千八百キロにも及ぶ。

ただ、よく考えたら中国国境に近いベトナム最北部のサパなどにも訪れており、正確な距離となるともっと長くなる。

まあ、サパの旅はあくまでも前哨戦ではある。サパへはハノイから夜行列車でアクセスしていた。ここはやはりハノイ以南の、夜行バスからスタートした物語を本編とする方が自分としてはしっくりくる。

ベトナム旅行の魅力について、改めて列挙してみる。

ご飯が美味しい。ビールもウマい。ワインやコーヒーもある。物価が安いし、気候がいいし、英語が比較的通じやすいのもありがたい。

日本からそれほど遠くないことも注目だ。東京〜ハノイ間は五時間前後と、東南アジアのほかの国々に比べてフライト時間が短い。ハノイやホーチミンといった都市部だけなら、週末や三連休のような短期でも十分に楽しめるほどだ。

一方で、自分で読み返してみて、今回の旅行記は金額の記述が多いなあとも感じた。食べたフォーがいくらだったかや、交渉したタクシーの料金やらを結構事細かに記している。ほかの国だったら、たぶんここまで詳しく書かない気がするのだ。

ベトナムを旅していて起こりがちな各種トラブル——病気や怪我などを除く——の多くは

お金に起因するものである。敵は一ドンでもお金をせしめようと、あの手この手で迫ってくるから、自分が外国から来た観光客である事実を嫌でも意識させられる。ときには現地の人たちと丁々発止《ちょうちょうはっし》とやり合わなければならない。結果、どうしてもお金の話題が増えてしまうというわけだ。

ただ、それらも旅を彩る貴重なエピソードである。

嫌な目に遭った瞬間こそ、ぐぬぬぬ……と悔しい気持ちを味わうが、帰国した後には笑い話にもなる。名高い観光地を見学したことよりも印象深く、後々まで思い出として残ることも珍しくない。

自分の旅行記ではいつもそうだが、今回はとくにそういった類いの話が目白押しと言えるかもしれない。ベトナムの旅は良くも悪くもネタが豊富で、旅行記の題材としては書きやすい国だなあと正直思った。

終章でランタン祭りを見るためにふたたびホイアンを訪れたわけだが、旅行記の中では肝心のお祭り自体にはとくに触れていない。最後に綴ったエピソード——ネタバレになるので詳しくは書かないけれど——があまりに強烈だったせいだ。

もちろん、その後お祭りも大いに満喫している。旅のフィナーレを飾るにふさわしい、美しい一夜だった。美しいがゆえにむしろ書くことがなくなるほどで、とりあえず巻頭ページにカラー写真を一部掲載しておく。

ちなみにお祭りではないときの、普段のホイアンの夜景でも十分すぎるほどムードは感じられる。普段の夜景については第二章で詳しく紹介した通りだ。

お祭りの日はランタンの数が増え、商店やレストランが店内の照明を控えめにするためランタンの光の輝きが幾分増す。美しさのレベルは確実にアップするものの、お祭りだからといって見られる光景が極端に変わるわけでもないようだ。

この日は往来を行き来する観光客の数も増えるので、あえてお祭り以外の静かな時期を狙って訪れるのもアリかもしれない。

最後に、旅の後日談についても少しだけ紹介しておく。

ベトナムは突っ込みどころの多い国であると繰り返し述べてきたが、悲劇は帰国した後にも起きた。自宅へ帰り着いて、キャリーバッグを開けたときのことだ。バッグの中からなんだか妙に甘い匂いが漂ってきた。

「はて……」と訝りながら、中の荷物を取り出しているとさらなる異変に気がついた。手がべとべとするのだ。糊のような粘着質なべとべと具合。

理由はすぐに判明した。バッグの中に入れてあったお土産のイチゴジャムが、容器からこぼれていたのだ。売り物なのに容器の蓋が合っていない。べとべとの正体はジャムだった、というオチである。

縦断途中で訪れたダラットの市場で買ったイチゴジャムだった。被害状況は案外大きく、バッグの中全域にわたってべとべとになっていたから途方に暮れそうになった。

まさか帰国した後にまで突っ込みどころが待っているとは——いやはや、ベトナムは本当に油断ならない。

幻冬舎文庫からリリースしてきたこの旅行記シリーズも、これで五作目となりました。過去作からの読者のみなさん、今回も手にとってくれてありがとうございます。はじめましての人ももちろんありがとうございます。

年に一冊というゆるいペースにもかかわらず、いつも執筆がぎりぎりで各方面にご迷惑をおかけしたことをお詫び申し上げます。担当編集の永島賞二さん、伊東朋夏さん、装幀《そうてい》の斉藤いづみさんにお世話になりました。毎度ありがとうございます。

そして、久々にこのシリーズに登場した奥さんこと松岡絵里にも感謝。さらには、将来的に登場するかもしれない我が家の新しい旅のメンバーに「ようこそ」と書いて、本書を締めくくりたいと思います。

二〇一六年四月二十日　束の間の島暮らしを終え、新生活始めました

吉田友和

この作品は書き下ろしです。原稿枚数３３０枚（４００字詰め）。
ＪＡＳＲＡＣ　出１６０５４８９-６０１

幻冬舎文庫

●好評既刊
LCCで行く！　アジア新自由旅行
3万5000円で7カ国巡ってきました
吉田友和

自由に旅程を組み立て、一カ所でなくあちこち回りたい——そんな我が儘を叶えるLCC。その魅力を体感するため、旅人は雪国から旅立った。羨ましくて読めばあなたも行きたくなる！

●好評既刊
ヨーロッパ鉄道旅ってクセになる！
国境を陸路で越えて10カ国
吉田友和

ヨーロッパ周遊に鉄道網をフル活用！　車窓の風景を楽しみながら、快適な旅はいかが。仕組みは一見複雑、しかし使いこなせればこれほど便利で賢く魅力的な方法もない。さあ鉄道旅の結末は？

●好評既刊
旅はタイにはじまり、タイに終わる
——東南アジアぐるっと5ヶ国
吉田友和

アジアが好きだ。好きで好きでたまらない。そんな思いを胸に、香港、タイ、ラオス、ベトナム、カンボジアへ。汗をかきかき、冷たいビールをぐびっと。嗚呼、生きていて良かった！　大人気旅行記!!

●好評既刊
週末台北のち台湾一周、ときどき小籠包
吉田友和

何度行っても飽きない最も身近な外国。だが台北やその近くを巡るだけでは真の魅力を味わい尽くしていないのではないか。そうだ、いっそ一周だ！　読めばすぐに行きたくなる大人気旅行記!!

●好評既刊
世界一周デート
怒濤のアジア・アフリカ編
吉田友和　松岡絵里

新婚旅行で出かけた二年間の世界一周旅行。その軌跡を綴ったエッセイ。東南アジアから中国、チベット、インドを経てアフリカ大陸へ。人気旅行家の処女作、大幅な加筆とともに初の文庫化。

幻冬舎文庫

●好評既刊
世界一周デート
魅惑のヨーロッパ・北中南米編
吉田友和　松岡絵里

新婚旅行としての世界一周旅行はヨーロッパを経てアメリカ大陸へ。夫がイタリアから緊急帰国!?アメリカ横断、キューバで音楽に酔い、ブラジルで涙。単行本未収録エピソードも多数公開！

●最新刊
あの日、僕は旅に出た
蔵前仁一

仕事に疲れ果てた僕はある日インドへと旅立った。騙され、裏切られ、日記までも盗まれて。だが、これが30年に及ぶ旅の始まりだった。いい加減な決断の連続で、世界中を放浪した著者の怒濤の人生。

●最新刊
だからこそ、自分にフェアでなければならない。
プロ登山家・竹内洋岳のルール
小林紀晴

竹内洋岳は標高8000メートル以上の14座すべての登頂に成功した、日本人初の14サミッター。彼だけがなぜ登り切れたのか、その深層に迫る。命を賭して登り続けたプロ登山家の「人生哲学」。

●最新刊
夜の日本史
末國善己

マッチョな少年を愛した織田信長。精力剤を愛用した絶倫将軍・徳川家斉。子供の数が分からなかった松方正義。日本の歴史に残る衝撃のセックススキャンダル69本を収録した一冊。

●最新刊
日本全国津々うりゃうりゃ
宮田珠己

旅好きだけど、観光名所には興味がなく、変なものばかり気になる——。名古屋の寺に飾られた「中国土産」。雪国の景色を彩る巨大な「豚の角煮」。日光に「クラゲ」。寄り道だらけの爆笑日本めぐり。

ハノイ発夜行《はつやこう》バス、南下《なんか》してホーチミン

——ベトナム1800キロ縦断旅《じゅうだんたび》

吉田友和《よしだともかず》

平成28年6月10日　初版発行

発行人——石原正康
編集人——袖山満一子
発行所——株式会社幻冬舎
〒151-0051東京都渋谷区千駄ヶ谷4-9-7
電話　03(5411)6222(営業)
　　　03(5411)6211(編集)
振替00120-8-767643
印刷・製本—近代美術株式会社
装丁者——高橋雅之

幻冬舎文庫

ISBN978-4-344-42485-2　C0195　よ-18-7